U0063176

编辑委员会

指尖上的正能量

——"郭明义微博"现象解析

中共辽宁省委宣传部　编

人民出版社

序

2011 年 3 月 25 日，"当代雷锋"郭明义开通了自己的新浪实名微博，从对微博的一无所知到今天拥有 2000 多万粉丝，郭明义微博也经历了从不断尝试、不断探索到一呼百应、云集景从的过程。8221 条微博，记录了郭明义的爱心与奉献；54 万条评论，承载了无数真诚的祝福与期待；101 万条转发，更是万千网民热情的信任与追随。

当我们重新整理郭明义微博，沿着那些饱含深情、火热真诚的词句，我们用实实在在的数据来呈现郭明义微博的影响力。通过郭明义微博，共成立 344 支爱心团队、发布涉及爱心活动微博 711 条、57809 人参加了爱心团队和爱心活动、收到善款 10898330.63 元、有 10908 人得到了捐助……如果这些仅仅是表面上的统计数字，那么在一张张矿山、工友和大型机械的图片上、在号召爱心团队成员参加义务献血的倡议书中、在受捐助的小学生、老大娘的笑脸上，甚至是在清早那一声"今天你微笑了吗"的问候里，我们都能感受到郭明义微博之中那团不灭的、温暖人心的、被万千网民不断传递下去的精神之火。

从"织微博"的角度上来看，郭明义微博似乎是一个"异类"，而也正是因为这样的与众不同，才能让我们从另外一个角度来界定郭明义微博的价值。当微博成为观点碰撞最活跃也是最重要的舆论场，代表主流价值观的声音如何体现，社会主义核心价值观的言论如何表达，必将成为微博未来发展的关键问题。因此，郭明义微博的出现，同时具有两方面的意义：首先是为微博本身树立了新的话语模式和价值追求，让微博这个新的舆论场获得了广阔的发展契机，开辟了新的舆论阵地；其次，微博将郭明义的爱心事业不断扩散，赋予新的时代责任，使之成为微博甚至网络永远需要的一种道德支撑。在第一层意义上，微博需要郭明义；在第二层意义上，郭明义同样也需要微博。

在一次次的转发评论中，在一次次尖锐的问诘与坦诚的回答中，郭明义用真实树立了自己微博上的形象，也用真实迎来了属于自己的微博时代。郭明义对微博的改变，实际上就是核心价值观在微博上的树立和扩散；微博对郭明义的改变，实际上也是主流话语的一次成功的转身。到今天，我们不能想象没有郭明义的微博，我们同样不能想象没有微博的郭明义。在某种程度上说，今天我们对于微博和郭明义的评价和判断，都是彼此关联的，离开任何一方，都不够完整和客观。

郭明义微博不仅是在舆论传播意义上的价值，更重要的是，在文化层面上的价值更加难以估量。以微博为代表的网络文化虽然发展时间不长，却在短短的时间里迅速壮大。特别是在青少年之中，网络文化已经成为塑造他们的人生观、价值观的最初、也是最重要的平台。网络文化正以前所未有的速度、深度和广度成为重要的文化策源地。有人断言，所有的文化资源和文化传统都不得不接受网络文化的再洗礼，而最终成为网络文化的一部分。因此，郭明义微博与其说是社会主义核心价值观在网络世界中的一次"逆袭"，不如说是主流价值观与新媒体碰撞出了一次精彩的"共鸣"。我们欣喜地看到，在网络世界中，对于真善美的追求，对于道德良知、爱心奉献的渴望自始至终存在，而郭明义微博的出现恰恰是找准了契合点，最终在微博上演奏出声势浩大的和谐交响乐。

另外，道德模范人物能不能在网络上生存？这个问题已经由郭明义微博的成功实践来回答了，而具有启示意义的是，郭明义微博的成功，开创了一种全新的理念。到底是置身于网络之外，力图通过传统方式告诉网民应该怎样做，还是应该主动参与网络之中，用网络的方式来解决网络的问题。如果是后者，就更应该用参与者的身份与网民平等地对话、真诚地互动，用真实来打动网民、用真实来影响网民，用真实来引导网民。

当然，郭明义微博还有继续发展的问题，但是坚持真实、坚持参与、坚持互动，仍旧是郭明义微博长久发挥影响力的关键。

在本书之中，我们力图通过高度的概括、精准的数据和严谨的分析，重新审视郭明义微博的现实意义，探究郭明义微博的价值内涵，揭示郭明义微博带给我们的思想启发，告诉更多的"郭明义们"在坚持自己的信仰和价值追求的同时，该怎么从容地面对网络世界。这是极具现实意义的建设性工作，也是时代赋予我们的使命。

中共辽宁省委宣传部

目　录

第一章
"微博控"老郭的故事

一、缘起：用微博帮助更多人

2011 年，春意渐浓的 3 月的一天，彼时风头正健的新浪微博上，一个微笑的新面孔闯入公众视野，头戴红色安全帽、面孔黝黑、身穿工装的"鞍钢郭明义"。

> 微友，您好！how are you！今天是一个值得记住的日子，我开始融入这个群体，同微友一起分享阳光、温暖、力量、快乐！谢谢！

他发出的第一条微博，无论是"微友"的称呼、中英混杂的问候，还是阳光、温暖、力量、快乐几个关键词的组合，都透出一种温情又火热的别致。而微博认证标签"全国优秀共产党员、五一奖章获得者、感动中国人物、'当代雷锋'"在数以亿计的博友中更是独一无二，也因而迅速被赋予了诸多内涵。

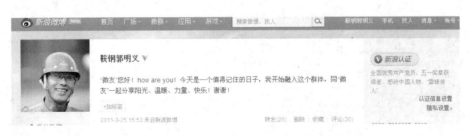

2011 年 3 月 25 日郭明义发出的第一条微博

东北新闻网记者曲晟，郭明义开微博的"启蒙老师"，曾这样回忆：

> 记得我去鞍山教他用手机发微博时，他的第一反应就
> 是"我能用微博做什么"？"老郭一开始对微博并不感兴趣，
> 甚至有抵触情绪。一是觉得年龄大了，对互联网知之甚少；
> 二是网上鱼龙混杂，怕自己难以应付。"而最终打动郭明义
> 的，也只有一句话：你能用微博帮助更多的人。

自此，每天早上，郭明义都要发出一条微博——"今天，你微
笑了吗？"一首首抒情小诗，一张张温情图片，一次次爱心接力，
郭明义的正能量源源不断。网友们的热情有些出乎意料。微博开
通仅仅 3 周后，粉丝数量超越 10 万；短短一个月时间里，郭明义
微博以日均增长 1.6 万粉丝的速度排名新浪微博新人榜榜首，3 个

2012 年 6 月 7 日，郭明义微博开通一年多后，粉丝突破 1000 万

3

月后（2011 年 6 月 12 日），粉丝数突破 100 万，5 个月后（2011 年 8 月 21 日）突破 200 万，2012 年 6 月 7 日突破 1000 万，甚至一度进入新浪微博名人排行榜的前 50 位。截至 2013 年 12 月，郭明义微博粉丝已突破 2000 万，在新浪微博名人排行榜上排名 56 位。而老郭，也早已变成典型的"微博控"，女儿眼中的"潮"爸，开博一千多个日子，日均发微博 7 条多。

随着微博舆论场的日益勃兴，曾有网站对新浪微博名人排行榜的前 2000 名进行统计，发现其中娱乐明星有 1220 人，占 61%，经济界人士和专家学者 723 人，占 36%，包括 AV 女星、网络红人等也占了一席之地，甚至还有 7 位活佛。而这其中，并没有一位先进模范人物。郭明义微博的登场，"明星模范"的诞生，显得突兀而又顺理成章。郭明义的"另类"微博之旅，就这样开启了。

后来，郭明义在 2011 年 9 月出版《今天你微笑了吗》一书的自序中这样写道：

今年 3 月 25 日，我开了微博。说实话，之前我兴趣并不大，感觉自己年龄大了，也听人说网络上什么东西都有，有种畏惧感。但很多朋友包括一些采访我的记者都劝我，都说这种交流很好，可以让更多的人了解我的状况，了解我的内心世界，同时，可以把我的幸福和快乐传递给大家，让更多有困难的人得到帮助。这样，我学会了使用手机，开始学习网络，学习怎样与网友交流，在网上开展爱心团队的活动。

开通以后，没想到很快就有这么多网友关注我，我也逐渐喜欢上了微博。每天早晨都忍不住要发一条"今天，你微笑了吗?"连我女儿都说我很"潮"。

微博的开通，让郭明义有了一个新身份——红色大 V。通过网络，有 5000 多人报名加入他的爱心团队，200 多位有困难的人得到了网友的帮助。2011 年 5 月 10 日上午，刘云山到辽宁视察工作，在东北新闻网与郭明义一起使用微博与网友们进行了交流。

微博的开通，为郭明义爱心团队的工作提供了全新的平台。很多活动，都在网上发起，第一时间就传遍各地。2011 年 6 月 12 日，郭明义微博向爱心团队志愿者和网友们发出了在 6 月 14 日世界献血

2011 年 5 月，时任中共中央政治局委员、中央书记处书记、中宣部长的刘云山在辽宁调研，郭明义为他演示发布微博

日这天参加无偿献血活动的倡议，短短 2 天，就有 2600 多万网友
看到了这份倡议书，有 6000 多名网友转发和评论。6 月 14 日当天，
有 3000 多名志愿者和网友参与，总计献血 60 多万毫升。这再次证
明了网络的强大力量，在充斥着喧嚣、争论、谩骂、谣言的网络环
境里，在亿万网民中，也有助人为乐的道德情操，无私奉献的社会
正能量。

开通微博的 3 年间，郭明义微博的粉丝数量已经超过 2000 万，他
本人也十分感慨，说："欣喜之余，更深切地感到自己已经走在一条充
满阳光和力量的路上，肩上的担子更重了，责任更大了。我会用微博
告诉更多的人，应该走怎样的路，告诉更多人，要怎样才会幸福。"

二、微博：给"当代雷锋"接上地气

郭明义，鞍钢矿业公司齐大山铁矿生产技术室采场公路管理
员、全国道德模范、中共中央候补委员、全国总工会副主席、中共
十八大代表、全国五一劳动奖章获得者、全国优秀共产党员等，一
连串的头衔和荣誉，让这个被称为"当代雷锋"的普通工人变得"不
普通"。于是在很多人眼中，"当代雷锋"郭明义似乎已经成为一个
符号，也许拥有和那个年代的雷锋一样的道德高度，但也和雷锋一
样有些遥不可及。这样的郭明义，更像是一个"传说"。

转折发生在郭明义进驻微博后。微博的开通，使得"传说"变

现实，一个 24 小时、360 度的郭明义完整地呈现在网友面前。每天起床，郭明义说："让我们迎着阳光、带着微笑，去拥抱全新一天！"晚上睡觉前，郭明义问："今天您过得充实吗？"碰到高兴事，他留言："晚上炒了土豆丝，还有红烧肉，吃得真香！"想到老伴，他真情流露："也许年岁大了，对老伴的依赖越来越大。我不会私奔，老伴也不会离开我……"当然，还有他的爱心事业："在车间里，工友们纷纷把填好的器官捐献志愿书交给我，我非常感动，我要把他们都介绍给微友们！""爱心团队 6000 多名志愿者共同资助白血病患儿小严涵。小严涵造血干细胞移植成功，正在恢复治疗中。"

好奇、触动、感动，猜测、质疑、嘲讽，网友们最初的反馈有点复杂，但郭明义也并没有因此改变他的原汁原味。"现在，我

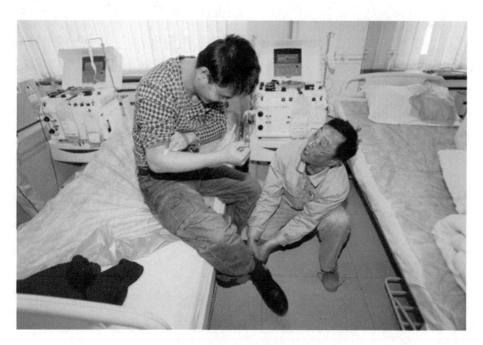

郭明义为刚献完血的志愿者穿鞋

经常幸福得落泪！"类似这样的表达，与流行的网络话语腔调显然格格不入，他完全能够想到可能招致矫情、虚假的批评，但他并不愿因此而改变自己的话语方式，因为他"真是这么想的"。他的一首首小诗，也谈不上精致高明，但他依然诗情盎然、乐此不疲。网上还有人质疑他的献血量。郭明义主动回应："6万多毫升的献血是这样形成的：一年献两次，一次200毫升，也献过400毫升。除此而外，我还经常献血小板，就是成分血，血小板献血的时间是一个多月可以献一次，一个单位的血小板相当于800毫升全血，这是卫生部计算献血的标准。"

有说有笑，有问有答，有血有肉，他的所思、所言、所行，他的家常、笑容与诗情，可感可触，可评可叹。真实的力量最动人，微博使得道德模范郭明义极具质感，他的真话、真事、真情，无形中对咫尺天涯的网友构成一种真与善的感召，也使得他自己从一个报告中、宣传片中的好人，变成了身边的好人，有温度的好人。网友"临澧王建国"留言感慨：真话，善话，真人，善人，大度，帅气，幽默，健谈，随性，正义，平凡，威仪。郭老师印象缩略词！

概括来说，郭明义微博包含有如下内容：

1. 永远的关键词——工作

@ 鞍钢郭明义

上午完成了7#铲位，2#铲环形道，9#铲采掘道路跟进，铺设路料。同时，看到了弓长岭露天铁矿主任带队到采场交流如何修好道路。

见到了下夜班的工友，谈笑间，似乎忘掉了昨夜的疲惫。一见到阳光，天真，可爱，灿烂的微笑又回到了脸上！正在进行的工作有：往7#铲去的道路路面，2#铲水坑，矿石漏翻矿平台。

今天的工作：3#铲昨天未完成的一段路继续铺设路料。2#铲，6#铲，7#铲，9#铲，支线，铲位铺设路料。正在进行中。

这是我长年累月工作的地方，我可爱的故乡。我离不开这里。梦中我常常呼唤着你，亲吻着你，矿山，故乡，

郭明义走在矿山的路上

母亲，我终生热恋的地方。我离开这里生命就会枯竭。

这是鞍钢刚刚生产出现来的冷轧板，被透过厂房的阳光照射得闪闪发光。

郭明义曾在一篇文章中写道："我的家住在矿山脚下，小的时候跨出家门就爬山。看到矿山，也看到了爸爸。沸腾的矿山，迷人的矿区，可爱的矿工，留下我的梦，我的爱，我的歌……"矿山是他的生命之根，矿上的工作，是他生命的重心。曾有网友问郭明义，出名后有什么不同，郭明义回答说："我还在矿山当采场公路管理员，还是每天早晨 4:30 起床，提前两小时上班，还是住在老房子里。"郭明义工作的矿山是鞍钢集团矿业公司齐大山铁矿，采场公路蜿蜒曲折长达 40 多公里。而这些公路，是维系矿山生产运行的"血管"，承担着每年 5000 多万吨采剥总量、1500 多万吨铁矿石的转运和输出任务。在过去的 17 年里，郭明义每天早上 4 点多起床，5 点多步行 40 多分钟到达采场后，马上安排值班职工，对生产的关键道路进行抢修。8 点，白班职工到岗后，他集中指导整修全采场的道路，和职工抢在下午 1 点之前把道路修好才吃午饭。之后，他要在采场主要道路上，再步行检查一遍，仔细观测每一处道路的平整度、坡度和宽度，然后赶回办公室制订下一步修路计划。无论双休日、节假日，他每天工作都在 10 个小时以上。

于是，与别人的微博相比，郭明义的微博又多了一个鲜明的特点：随处可见的工作场景，一起工作的工友身影，都记录在

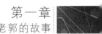

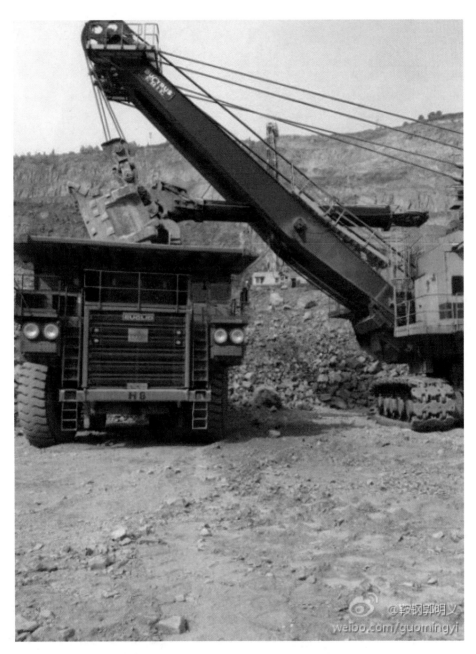

郭明义用手机拍下自己工作的齐大山铁矿照片发在微博上

他每天的微博里。而他的工作场景与细节，又是那么特别：距地面一百多米的巨大矿坑，采场公路，电动轮汽车、碎石锤、推土机来回穿梭，为路料车指挥，给电铲冲水，帮架线工人搬木桩……

　　这样的景象，对很多网友来说无疑是极为陌生的。因为互联网的特质，常常使用网络来记录生活、吐槽工作的迄今只是一部分群体，大多数像矿山工人这样艰苦工作的群体，很少有精力或有心情发微博来呈现自己的工作状态。郭明义因其身份而成为了一个特例。也正是因为他，网友们才看到了真实鲜活的矿山工作，既那么枯燥艰苦，也如此热火朝天。而郭明义传递给大家的，是发自内心地对工作的责任感，是工友们结伴的身影与

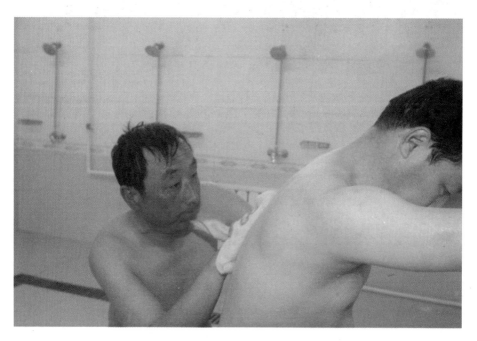

郭明义给工友搓澡

微笑的面庞。有工友说，别看老郭经常上报纸、上电视，回到班上一点儿都不含糊，"你看，每天七八个小时的班，就他一个人在零下 20 多摄氏度的室外，都快成冰人了。下班之后他照样去浴池为我们搓澡，一点儿都没变。"这种"不含糊"，并非人人可以轻松做到。

相关资料显示，在鞍钢工作的 28 年里，郭明义先后做过大型矿用汽车司机、团支部书记、矿党委宣传干事、统计员、英语翻译和公路管理员。有人说他"越干越基层、越干越辛苦"，可他无论做什么都兢兢业业、任劳任怨，干一行爱一行、钻一行精一行。做大型矿用汽车司机时，他创造了全矿单车年产的最高纪录；任车间团支部书记时，他所在的支部是鞍钢的红旗团支部；当宣传干事时，他撰写的党课教案在矿业公司的评比中荣获一等奖；在车间任统计员时，他参加了统计员资格全国统考，是矿业公司第一个获得资质证书的人；做英文翻译时，他以出色的翻译能力和人格魅力赢得了外方专家的赞扬和敬佩；在今天的采场公路管理员岗位上，鞍钢最为艰苦的工作环境里，郭明义谢绝领导为他调换的轻松岗位，一干就是 17 年。

对一个社会人来说，献爱心、做好事是一种事业，但一个人社会价值最大的依托与体现，始终还是自己的本职工作。爱岗敬业，说起来是一个基本要求，而发自内心的爱与敬，又是最高最难的要求。这一点，不知郭明义本人是否有过理性的思索，但他显然一直在按照最高的标准去实践，进而在无形中，使自己成为了那个最高点的标准。

2. 帮助别人，快乐自己

@ 鞍钢郭明义

很多微友问我，为什么每天总是很快乐？我想，为人民、为社会做好事、献爱心，是快乐的事。每做一件好事，都有一种幸福感涌上心头。

马上就要献血小板了，大概要40分钟左右，整个过程和血液透析相似。血小板能够帮助很多人，想到这一点，我就觉得很充实，很快乐。

幸福是什么　是悬挂在茫茫夜空中的皎洁的明月　那是你我　对爱的坚守与承诺　幸福是什么　幸福是每天上班下班　回到家里能吃上妻子香甜可口的饭菜　幸福是什么　是微笑　是问候　是感恩　是感动　关爱老人　帮助别人　快乐自己　随时随地都能体会到　幸福快乐　幸福是什么　是一滴水　在有限的生命时光里　反映出太阳的光辉

也许　每个人都渴望　有一双明亮的眼睛　寻找幸福快乐　有人有　有人没有　当一双明亮的双眼被世俗的眼睛遮挡　看不清　看不到　感觉不着　世界发生的喜怒哀乐　悲伤痛苦时　幸福似乎远离了我们　幸福就这么简单　你连思考的机会都没有　因为生命是短暂的　在稍纵即逝的瞬间　我能做什么呢　做好事　做好人　这是生命的本义

有人问我对"碰瓷"老太太事件怎么看，我说："即使可能会遇到'彭宇'案那样的情况，我也会帮，我想还会有很多人仍然会帮，另外，还需要我们的社会从法律保护、社会保障、道德建设等多方面进行努力，让见义勇为者不再流泪，共同培育适合好人生长的土壤，我相信血总是热的，人心总是暖的，您说呢？"

2010 年 10 月 1 日,郭明义利用假期休息时间,和爱心团队的志愿者到鞍山市儿童福利院看望孩子们

在谈及开微博的初衷时，郭明义曾表示："我想借助这个更广阔的平台，帮助更多有困难的人，带动更多愿意帮助别人的人，同时把自己的快乐和幸福传递给更多的人。"简单的一句话，其实内

含了"当代雷锋"郭明义的重要精神特质：帮助别人，快乐自己。这是郭明义著名的"幸福观"。2010年12月2日，《人民日报》头版"今日谈"栏目发表了署名"云杉"的文章《郭明义的幸福观》，指出：什么是幸福？这是人人要面对、人人要思考、人人要回答的问题，可一百个人会有一百个不同的答案。有人认为坐拥金山、锦衣玉食是幸福，有人认为位高权重、号令一方是幸福，有人认为金榜题名、洞房花烛是幸福……郭明义有不同的回答，他说："每做一件好事，就有一股幸福感涌上心头。""帮助别人改变命运，比啥都幸福。"

在学习郭明义同志先进事迹座谈会上，时任中共中央政治局委员、中央书记处书记、中宣部部长刘云山曾强调，幸福观与人生观、价值观紧密相连，有什么样的幸福观就有什么样的人生追求。郭明义的幸福观就是助人为乐，坚信奉献使人快乐、助人使人幸福。开展向郭明义同志学习活动，就要在全社会大力弘扬助人为乐的幸福观，引导人们正确认识幸福、追求幸福，通过奉献和付出，通过爱心和善举，在帮助他人、温暖他人中找到真正的快乐、获得人生的美满。

南开大学周恩来政府管理学院马得勇副教授曾在2012年进行了一项网民幸福感的调查，调查结果显示网民是幸福感很低的群体。在"幸福""一般"和"不幸福"的选项中，网民中认为自己"不幸福"的人接近五成，幸福的比例不足两成。这与全国性的幸福感调查数据存在很大差异，也再次显示了网络这个舆论场的特殊之处。正因为如此，郭明义在网络上传播"帮助别人，快乐自己"的幸福观，才具有了更为深远的意义。

郭明义曾写道：有网友问我，什么是快乐？怎样才能快乐？我回答："每个人快乐的感觉不一样，我觉得能够以己之力帮助别人，分担忧愁，减轻痛苦。能够使更多的病人及时输入救命的鲜血，能够使更多的贫困儿童露出幸福的微笑。能够使更多的家庭度过困境，重新燃起生命的希望。这，就是我最大的快乐！"

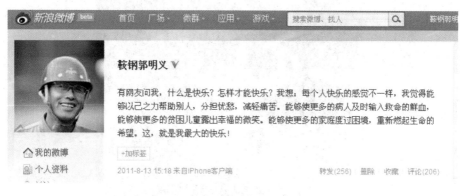

2011年8月13日，郭明义在微博上谈他的幸福观

他几乎天天坚持发数条微博，或介绍各地"郭明义爱心团队"的爱心行动，或转发网友求助信息，或发布各地人们的善行，或与网友互动激发和鼓励他们的善举，或谱写诗歌抒发自己对雷锋精神的理解……在郭明义的微博里，革命烈士、爱国志士、爱心人物、见义勇为英雄……只要是对人们有启迪、有引导的正面人物和事迹，他都收集好并用自己的话写成140字左右的小短文，发布在网上。

他在微博上称赞身残志坚的袁存泉："倒下去的是身体，站起来的是精神。他自强不息、勤学不辍，撰写了200多万文学作品，他是20多所学校校外辅导员。他家境困难，却捐出了近万元稿费，用责任和爱勾画人生。"他热情地传播最美妈妈吴菊萍的事迹："看！她和孩子多幸福。她把奖励她的5万元，捐给了贵州山区贫困孩子上学。"

郭明义与受他捐助的贫困学生在一起

他忠实地记录着许许多多平凡人的善举:"复旦大学医学院07级法医班女生周姝有一个特殊的家。6个家庭成员来自三家,互敬互爱,日子虽苦,却能让人感到阵阵暖意。其实慈善不是富人的专利,每一个人只要拥有一份爱,都可以伸出手来帮助他人"。"11月14日在北京市某大厦门口一乞丐突然昏倒,路过的北京现代音乐研修院女学生李志敏对他实施了心肺复苏和人工呼吸。但这件助人的善举曾被一些人视为作秀和炒作,我想我们应该多给她一些支持和鼓励,让好人不再心寒,让社会多些温暖。"

郭明义的幸福观就这样感动、感染、感召着无数网友。通过微博，郭明义和他的爱心团队帮助了许许多多的求助者，也找到了许许多多爱心事业的志同道合者。很多人自发加入到他所倡导成立的无偿献血、捐资助学、遗体器官捐献等爱心团队中来。他们中，有干部、工人、学生，有企业家、农民工、街头小贩……虽然身份、年龄各不相同，却拥有一个共同的名字——志愿者。这支队伍的人数，几乎每天都在被刷新。通过极致的真诚换取幸福，通过帮助别人兑现快乐，风雨兼程中，郭明义幸福着，快乐着，感动着别人，也被别人感动着。

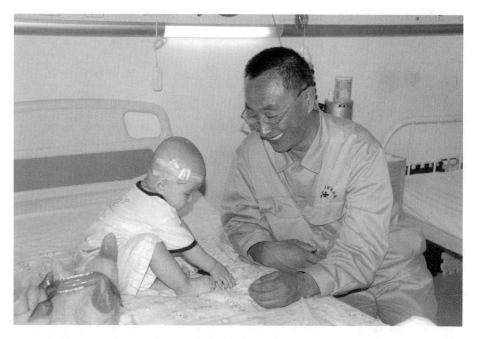

2010 年 8 月，郭明义专程到沈阳盛京医院滑翔分院，看望自己和爱心团队资助的工友严会春 10 个月大就患了白血病的小女儿——严涵，并发动爱心团队为孩子捐款近 20 万元。此后，中国神华集团、中国通用技术控股（集团）有限公司，先后通过爱心团队为严涵捐款 10 万元和 7 万 3 千多元

3. 家国情怀　百姓视角

@ 鞍钢郭明义

　　坚持实事求是，群众路线。应解决好认识，作风，水平，勇气问题。认识理解实事求是思想路线在理论实践，历史现实中的含义。作风就是扑下身子，深入下去，弄清事物的本质。水平是对感性材料加工，上升到理论。勇气讲真话，修改不合实际的理论。人民是实践认识主体，是历史发展动力。任何时候不能丢命根。

　　不以 GDP 论英雄，是经济发展方式的重大转变。从而显示出充分发挥市场在资源配置中的决定性作用和更好发挥政府作用，尊重市场规律，价值规律。减少和杜绝在市场经济中渗透着人为的因素，比如污染高耗能企业，破坏环境，不注重民生的因素。使经济发展符合历史，当地实际。彰显了党中央选拔领导用人导向。

　　梦在前方，路在脚下，脚踏祖国大地，一步一个脚印；不争论、不等待、不懈怠，走进人民，回到人民群众里；帮助百姓实现一个个小梦想，及时回应人民群众的诉求是共产党人目前最大的政治。在加快改革的力度、发展的速度、人民群众的满意程度上，最大的任务是关心、关注人民群众的情绪，激发人民群众参与改革的实践热情。

　　　学习十八大，看到了"实事求是"，听到了习总书记
的重要讲话。感到特别震撼，按照习总书记要求那样，坚
定理想信念，践行党的宗旨。把百姓放在心里。不论干什
么，说百姓想说的话，办百姓想办的事。感受到百姓的喜
怒哀乐，那是同你息息相关，一刻也不会离开你的啊。这
应该是每个共产党人必须坚守的唯一。

　　"天下兴亡，匹夫有责"，"位卑未敢忘忧国"，家国情怀可以说
是国人千年来的传统，几乎凝结在每一个人的血液中。无论仁人志
士，还是平头百姓，无论居庙堂之高，还是处江湖之远，大多数人
骨血深处都有一份对国家民族命运的深沉关切。时至今日，身处社
会转型期的中国人，价值观日趋多元，这种对家国命运的关怀与表
达，无疑更加复杂。而互联网的出现与成长，则使得这种复杂表达
更加显性化，甚至一定程度走向冲突化。网络舆论汹涌澎湃的2008
年，著名政论家、"皇甫平"系列评论的主要撰稿人周瑞金先生撰写
长文，将关注时事的网民称为"新意见阶层"，认为网络"新意见阶
层"正在崛起，并将成为推动进一步改革的重要力量。"如果说'新
社会阶层'具有巨大的经济能量，'新意见阶层'则具有巨大的舆论
能量。'新意见阶层'的出现，值得关注，值得欣慰，值得研究。"

　　相比网络上的娱乐与生活话题，时事与政治表达一方面具有
深刻深远的意义，另一方面无疑也是最具有风险的，因为最容易引
发争议。且不说不同观点之间的坚硬的沟通壁垒，网络的某些特
质，使得即便是基本的辩论，也常常剑拔弩张地偏离辩论主题，变
成简单地站队：不问真相，只看立场。与之相伴的是种种阴谋与诛

心之论，以及充满对抗性的标签化的谩骂与攻击。

与此同时，更大的问题则在于，体制内主流身份在网上表达意见时往往受到一定限制。在网络上，党政官员、人大代表、政协委员，乃至体制内的知识分子等，一方面自身发言受到一定的纪律和规则限制，同时，这样的身份在网友眼中也形成一种带有刻板印象的标签，网友自动选择从特定维度对其言论做出解读，有时甚至加诸近乎苛刻的审视和品评。

面对这些问题，郭明义并未选择回避。从清贫走来，揣家国情怀，郭明义的微博上，除了日常点点滴滴的小事，也从不缺少"国家""党"这样的宏大字眼儿，从不缺少对民族命运、国家发展的严肃思考与直观表达。最新的时事，最新的政策，最新的精神，都常常出现在他的笔端。他从不讳言对党和国家的爱，也常常佐以浓烈的诗歌般的表达。观察这些表达，基本具备两个鲜明的特点：首先是百姓视角。在大多数政治性话题微博中，他做出评价与判断的首位标准，始终是围绕一个宏观概念——人民，或表述为百姓。"人民的利益大于天""让老百姓有梦想、有奔头、有盼头、有甜头"，"帮助他们做点什么，看看他们在想什么、干什么、有什么愿望"，等等表述屡见不鲜。其次，在这些表达中，他往往自觉或不自觉地实现了身份转换。工人、好人、奉献者，等等身份符号在这个时候自动隐退，"党员"是他谈及此类话题时的主要身份定位。这几乎已经成为一种固定语态，他的思维路径，他对自身以及党员身份的认知，一目了然。此类话题是郭明义所有微博内容中面临争议与压力最多的一个类别，然而也正是这些表达，使得郭明义的微博超越了一个简单的弘扬好人好事的好人微博，变成一面融合了政治与道德主流价值观的微博旗帜。

4."诗人"与"翻译家"

@鞍钢郭明义

春天来了！春天来了！小草偷偷地从土里钻出来，嫩嫩的，绿绿的，闻起来格外的香。小鸟欢笑歌唱，大雁带着小宝宝，也来到了她的故乡—矿山，也来参加春天的聚会。

矿山四月的阳光，四月的歌最甜，四月的诗最美，四月的鸟儿最多情呀，四月的夜空最迷人。四月的阳光最温暖呀，四月矿山的阳光最灿烂。站在洒满金色阳光的矿山上，心中的热血在奔涌。

你默默地走了，历经狂风暴雨，心里还在惦记着你熟悉的乡亲，你同百姓告别的方式却是那样简单明了，祖国人民的需要是你心中的至高无上，舍弃自己，为人民的生命，看到了你的身影，你的音容笑貌，你没有离开我们，面对大自然的灾难，我们会永远同你在一起。战斗，战斗，让人民生活更美好，让祖国明天更美丽，向你敬礼走好。

走在天地之间　敞开胸怀　去容纳　蓝天　白云　大地　那将是你　沸腾生命的源泉　热爱他吧　生命的瞬间　等待着你去感受　他的美妙　去捕捉美好的瞬间　迎接那扑面而来的　新生命的诞生　还要面对狂风暴雨　自然力的无穷摧残　还是微笑吧　感受阳光　感受生命　感受秋天

的浪漫　丰收的喜悦　迎接那一个又一个秋天的温暖的阳光

💬　雪落矿山　矿山生机勃勃　大雪　狂风　寒冷　亲吻
着大地　也难以阻挡　一种力量　在凝聚　在涌动　在蓄
积　在思考　是为了母亲的微笑　大地的丰收　矿工在
劳作　在奉献　雪落矿山　伴随着矿工的激情　梦想　在
这里　释放　迸发　年复一年　日复一日　祖祖辈辈　劳
动啊劳动　创造啊　创造　改革开放的春天　将融化冰
雪　迎来复兴梦想

2012 年 7 月 22 日凌晨，平安北京微博发布了一条消息，北京
遭遇 60 年以来最大降雨，燕山分局向阳路派出所所长李方洪带领民
警先后救起 50 余名被困群众。当李方洪再次冲入水中救助群众时，
被一根落入水中的电线击倒，光荣牺牲。这条微博发布后，受到了
网友们的广泛关注，网友转发达 46 万条，评论超过 8 万条。那一天，
郭明义也在这条微博后面发表了评论，以诗歌的形式表达敬意：你
默默地走了，历经狂风暴雨，心里还在惦记着你熟悉的乡亲……

很多人也许会感到意外，面孔黝黑的矿山工人郭明义，居然
时时把诗歌作为表达感情的重要方式。事实上，生活中的郭明义
并不是许多人想象中那种只会做好事、生活乏味枯燥的"苦行僧"。
他爱好诗歌、散文，喜欢朗诵也喜欢写，是一位工友们喜爱的"矿
山诗人"。在休息时间，他喜欢拿个扬声器，站在高坡上，为工人
们朗诵他认为的那些中国一流的好诗。对于这一点，有媒体曾用诗
意的笔触写道：很难想象，在节后天寒地冻的北国采矿场上，在一

郭明义担任齐大山铁矿党委宣传干事时为全矿党员讲课

群钢铁汉子中，会回荡着艾青的《假如我是一只鸟》、林徽因的《人间四月天》、徐志摩的《再别康桥》、舒婷的《致橡树》等。

在郭明义的微博上，这种诗情也毫不掩饰，甚至因为微博这种形式而越发蓬勃。风雨、矿山、英雄、信念、祖国、母亲，都是他诗歌中热衷的主题和意象，所见所为所想，随时随地编织成抒情小段从指尖流出。只有在这种时候，那个前一秒还在和你唠家常的大叔，才会突然让你感受到他内心的昂扬与激情。从审美的角度，他的诗歌与专业搭不上边，更多展现的是一个普通人的情怀与倾诉，直白，直接，时而温暖，时而火热。诗歌体占据了他微博内容相当大的一部分，从中可见他的乐此不疲。

除了诗歌，郭明义还喜欢偶尔冒出几句英语表达。郭明义的第一条微博，使用了一句英语"how are you！"这并不是无厘头的突发奇想，背后其实颇有渊源。虽然现在的职业是公路管理员，郭明义当年却通过《step by step》和《走遍美国》自学过英语，甚至还做过非专业的翻译。据介绍，1993年，他工作的铁矿扩建，新进了33台大型运输车——"电动轮"，每辆1000多万元。自学了10年外语，又进过强化学习班的郭明义，奉命到现场做英文翻译，并最终成了外方最得力、最信赖的助手。

这样的经历，使郭明义在写微博时喜欢时不时"甩"上几句英文。清晨5点，他会送上一句"Good morning！"临睡前，他也会发一条"See you tomorrow！ Good night！ I will come tomorrow morning！"到周末，也会聊聊"Are you free this Saturday？"有网友善意地提醒他英文不够标准，要慢慢练，他则淡定地回答"好的"。

齐大山铁矿扩建期间，郭明义任英语翻译与外方专家配合默契，他工作认真负责，多次发现设备质量问题，为国家和企业挽回10万美元的经济损失

　　每个平凡的人，内心都藏有一片海洋，每个人都有自己的"兴奋点"，微博提供了一个平台，让你找到兴趣相投的那个人，展示自己的每一点小趣味，享受被关注的感觉和分享的快乐。爱诗歌之美，爱英文之趣，这就是这位"当代雷锋"、矿山工人，通过微博展示出的不一样的另一面。很多网友，最初恰恰是对郭明义这样的"另一面"产生了兴趣，在有意无意地靠近中，熟悉了他这个人。

5. 候补中央委员的家常菜

@ 鞍钢郭明义

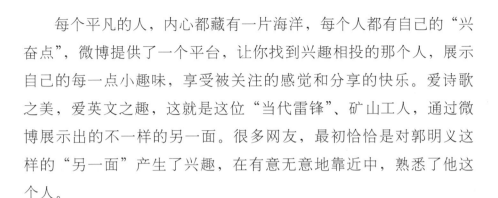

　　刚赶到家里：老伴正在做饭，主食：中午剩的一盘大米饭，不够，又下2碗面条。副食：刀鱼一盘，中午豆腐干炒青椒、把青椒吃了、剩的豆腐干让老伴将它炒成疙瘩白炒中午剩的豆腐干、生菜、肉酱，水果：削好的菠萝。你猜？我喜欢吃啥：面条、大米饭、疙瘩白炒豆腐干。

　　老伴给我做的白菜炒肉，是我最喜欢的。冬季自己储存的白菜水分少，甘甜。桌上有芋头，山东煎饼，蒸大茄子，炸肉酱，大米饭。

　　中午从工作现场赶回得晚，中午饭是蒜毫炒鸡蛋、大米饭。没吃上包子，晚上老伴又开始包包子了！韭菜、鸡蛋、肉！有食欲吗？还没蒸呢！等待刚下锅。

刚吃完饭，芸豆炖几块肉，还有大米饭。吃完后，我干了一件事。刷碗，好久没干了，刷一次。老伴站在一旁，看着我刷碗。我挺能干，在部队做了一年炊事员。收拾好了，请老伴检查，老伴脸上露出笑容，说了一句：还行。我像小孩子似的跳了起来！说了句，谢谢夸奖！

郭明义老伴儿包的包子

吃在中国是一门学问。2014 跨年之际，互联网上最火的关键词，大概就是"庆丰包子"。2013 年 12 月 28 日中午，网友"四海微传播"在微博上激动地惊呼："我没看错吧?！习大大来庆丰吃包子啦!"，并配以一组"习近平在庆丰排队买包子"的图片。新华社、中央电视台、人民日报等官方媒体法人微博迅速转发，随即引来网友如潮跟帖和热烈点赞。该话题连续多日占据新浪、腾讯等主流微博平台热门话题榜，相关搜索量与参与度超过 700 万人次，并从网上走到网下，成为大爷大妈们街谈巷议的焦点。其后，"二两猪肉大葱包子、一碗炒肝、一碟荠菜，消费二十一元"，"全程自己买单、端盘子、取包子、找座位"，"没有戒严、没有车队、没有摄像机"，"就餐坚持'光盘'，与顾客握手聊天，与孩子合影"，一系列细节被陆续挖出，网民在感慨总书记亲民零距离的同时，也开始编排各种段子："习总买包子有深意，庆丰就是两袖清风，炒肝就是炒干部，芥菜就是戒财，猪肉大葱馅就是一清二白；21 元就是不管三七二十一要将反腐进行到底，最后打包带走两斤包子，就是请大家掂量掂量自己的斤两，你再重我也拿得下！"网友"抚顺孟祥光"评论道：一件小事，却可能预示中国社会对党风、政风看法和印象的转折，成为时代的一个封面。官媒人民日报则发表压轴评论《平民情怀最动人》指出，"和气，没架子"，顾客的描述凸显国家领导人亲民形象；"俭朴，不浪费"，舆论的评价折射中央领导同志清新作风。党风政风为之而清、社风民风为之而新。

　　总书记一顿包子餐，成功引领了官员亲民新风尚。的确，"一粥一饭见作风，一枝一叶总关情。"每一餐背后都有故事，吃饭，是个平常得不能再平常的事情，却也往往能传达出最多的生存状态与生活态度。微博微信上，分享饭菜总是一个重要主题，不管是大V，还是普通网友，都喜欢时常晒晒自己享用的美食。曾经有个微信朋友圈的段子广为流传：大半夜突然听到有人敲门，我打开门一看，一个送外卖的小伙子，拎了很多大闸蟹站在门外。我说："你一定是弄错了，我并没有叫外卖。""这我知道。"小伙子说，"这是你某个微信好友让我拿给你看一眼的,这是他今天晚上要吃的美食,他手机坏了发不了朋友圈。"这个段子让很多网友会心一笑,的确,它以冷幽默的方式描绘出微博微信上的某种生态,背后则是寻常的人情世态。

微博红人老郭也喜欢常常晒晒自己的早餐、午餐、晚餐,然而却显得有些别具一格。"老伴给我做的白菜炒肉,是我最喜欢的。因冬季自己储存的白菜水分少,甘甜。桌上有芋头、山东煎饼、蒸大茄子、炸肉酱、大米饭。""刚到家,就闻到了香味。刚端上的青椒、黄瓜炒鸡蛋,喷香,还有大米饭。"老郭的菜单里,有酸菜白肉、豆角炖肉、蒸茄子、土豆丝、小葱、咸鸭蛋、鸡蛋酱、方便面……与微博明星们常常秀出的山珍海味、精致菜肴相比,老郭的

郭明义和妻子孙秀英

家常菜永远透出一股粗粝的东北乡土气息。看着他晒出的一张张"美食"图片，不少网友表示，你们家的菜总是那么得好吃，朴实之中透着家里饭菜的香味。也有网友联想起郭明义如今的荣誉与身份，感慨这也许是最清贫的候补中央委员的家常菜。

清贫，却不清苦。老郭的三餐虽非盛宴，却怡然自得地传达

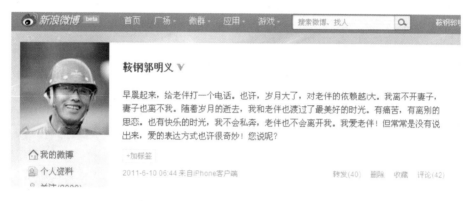

2011年6月10日，郭明义发出的关于妻子的一条微博

着盛宴没有的脉脉温情。郭明义的老伴，是郭明义微博出镜率最高的人物之一，郭明义发的每一顿家常饭菜背后，几乎都能看到她的身影。对老伴，郭明义曾饱含深情地写道：

> 我爱我的老伴也是我的妻子爱人　为什么不呢　在一起生活25年　才真正体会到　我真的离不开老伴了　她的艰辛　她的默默付出　哺育了女儿长大　我也是一个不太爱想家里的事的人　做的也少　年轻时　上夜校　老伴做好饭不吃　等我下课8点多钟赶到家　同我一起吃　难以忘记　有过幸福欢乐　也有分担忧伤困苦　常想起妻子的好

这份相濡以沫，这样纯朴的表达，直戳人心，令人动容。

郭明义，这个常常把本应补贴家用的收入捐出的男人，让网友看到了他如何用他的方式，去做一个好丈夫和好父亲。这个家，并不缺少丰沛的情感与温馨的情致，微博，同样是郭明义晒自己的小幸福的地方。网友"仁医小五"在评论中发出由衷的感叹和祝福：朴素，平淡，永远是生活里最大的智慧，也是人生中最伟大的意义所在。可是，在现在这个社会，有多少人真正从内心追求这样，又有多少人真正能够得到这份福气。祝福你们全家！

第二章

微博观察：因爱之名

微博，即微博客（MicroBlog）的简称，是一个基于用户关系信息分享、传播以及获取的平台。用户可以通过 WEB、WAP 等各种客户端组建个人社区，更新个人信息并实现即时分享。由于用户每次用于更新的信息通常被限定于 140 个字符以内，因此得名"微"博。最早也是最著名的微博是美国 Twitter。2009 年 8 月中国门户网站新浪推出"新浪微博"内测版，成为门户网站中第一家提供微博服务的网站，微博从此正式进入中文上网主流人群视野。

诞生初期的微博展现出强大的生命力，迅速以超乎人们想象的速度发展起来。2010 年年底微博用户规模已达 6311 万，2011 年则暴涨近 300%，达到 2.499 亿，2012 年以后进入平稳增长期。截至 2013 年 11 月 1 日，新浪微博注册用户总数达到 5.53 亿。统计数据显示，新浪微博用户表现出一些鲜明的特点：①新浪微博用户中男女比例大致相当；②新浪微博注册用户以"90"后居多，占到一半；③新浪微博注册用户大部分具有大学及以上学历；④新浪微博人均每日在线时间客户端最长，平均约每天 45 分钟。尽管一些研究指出微博目前的发展表现出一定的颓势，但这些数据显示，微博吸引了这个社会中最重要的群体。

庞大的用户群体在微博平台上随时随地分享信息，使得微博成为海量即时信息的聚集地，同时粉丝关注和评论转发等功能的设置，使得信息的放大和聚合效应明显，热点话题能够实现裂变式传播，转瞬成为舆论焦点。凭借短、平、快的优势，微博迅速形成了自己独特的"微博舆论场"。人民网舆情监测室在《2010 年中国互联网舆情分析报告》中指出，微博成为推动社会良性发展的"微动

力"，一种可观的微博政治在中国业已形成。随着微博影响力的扩大，越来越多的专家学者、社会名人和突发事件当事人开始使用微博，微博话题也从日常琐事转向社会事件，逐渐发展成为介入公共事务的新媒体，成为网络舆论中最具影响力的一种，改变了传统网络舆论格局的力量对比。微博客成为网民收发信息的首选载体之一，其涉及领域已渗透到网民社会生活的各个层面，无论是在重大事件、防灾救灾，还是公民权益、社会救助等各个领域，微博客都成为重要的信息发布载体之一，往往也对事件的发展起到重大的影响和推动作用。

一、 数据透视：虚拟中的真实能量

1. 郭明义微博粉丝量统计分析

粉丝数是衡量微博影响力的一把标尺。2011 年 3 月 25 日，郭明义开通个人新浪微博——@鞍钢郭明义，从这一天开始，郭明义微博粉丝一路飙升。首日粉丝数 7000，次日超过了 1 万，"五一"节后更以日均 2 万的数量增长。数据分析显示，郭明义微博开通之初的一段时间内，关注者以日均 8700 人的数量增加，从 2011 年 5 月开始更是以日均 1.75 万的数量飞速增长。这个速度名列新浪微博新人排行榜第一位，在当时新浪 1.3 亿微博

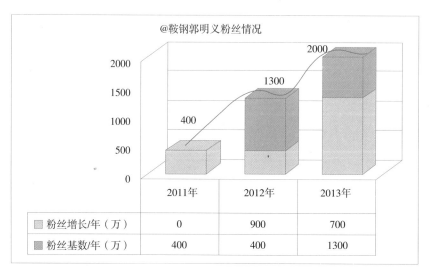

@ 鞍钢郭明义粉丝情况

主中也名列前茅，甚至超过了"微博女王"姚晨。2011 年 6 月
12 日，粉丝突破 100 万，成为网上最火的道德模范微博。8 月
21 日，粉丝再破 200 万。9 月 23 日，郭明义微博进入新浪微博
名人排行前 100 名。10 月 2 日，破 300 万；12 月 14 日，破 400
万；2012 年 2 月 5 日，粉丝达到 500 万；2012 年 2 月 23 日，粉
丝达到 600 万；6 月 7 日突破 1000 万。2013 年 11 月突破 2000 万，
在微博名人排行榜上排第 56 位。通过近 3 年的发展，郭明义微
博积累起了庞大的粉丝基数，这是郭明义微博影响力的前提和
基础。

2. 郭明义微博传播路径分析

随机抽取 20 条转发和评论介于 100 至 1000 之间微博进行分析可以

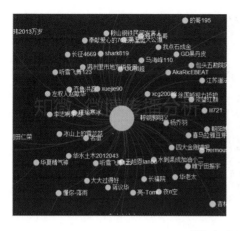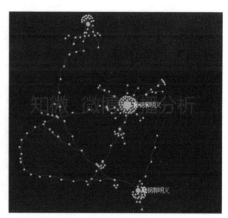

@ 鞍钢郭明义微博传播链

数据来源：知微和人民网舆情监测室数据平台。

发现，@ 鞍钢郭明义微博传播路径大部分呈现链式传播，即以 @ 鞍钢郭明义为始发源，经过二次转发，信息逐渐展播开来。其中以个人普通用户为中心的二次转发占一半以上。以名人、微博达人、个人认证微博为中心的二次转发超过 30%，这部分认证微博的转发也是完成信息链式传播的关键因素。据知微微博分析数据显示，参与抽样的这些微博消息曝光量超过 92% 的微博，"传递了不俗的正能量，参与用户多表现出正面情绪，没有发现有水军痕迹"。

通过"一找微分析"进行用户统计显示，@ 鞍钢郭明义的粉丝的年龄层级一般在 25—50 岁，属于社会的主要网络活跃人群，活跃度高、参与社会事件积极性高，并作为网络有生力量持续发力。这一年龄层级附着在 @ 鞍钢郭明义的微博周围也从另一角度说明其微博的社会效应，其传递的正能量感染着 70 后、80 后甚至 90 后这一群体。知微数据显示，@ 鞍钢郭明义的微博粉丝主要分布于辽宁至北京、广东等十余省，其中以辽宁和北京粘连性最大。其粉丝的广泛分布决

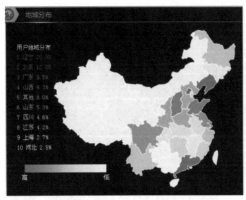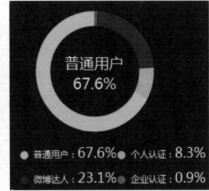

微博粉丝的用户类别及年龄层次

定着信息的受众范围之大，也显示了 @ 鞍钢郭明义的微博话语权的
壮大。

3. 郭明义微博社会效应分析

数据监测显示，自 2011 年 @ 鞍钢郭明义微博开通以来，截至
2013 年年末，郭明义发微博 7900 多条（原创微博近 4900 条），被转
发数高达 57 万余次，被评论数近 56 万次，累计被近 113 万人转发
和评论，平均每条微博被转发和评论 70 多次，备受网友关注。

郭明义曾说过，"在我之前，在拥有近 2 亿人的新浪微博中还
没有一个道德模范。我想，广大网友在微博上热捧我，不是因为我
个人有什么能耐，我仅仅是亿万名助人为乐者之一，这是我们的社
会追求美好道德的强大力量的具体体现。"据新浪网测算，目前郭
明义的微博能直接或间接影响到上亿网民，占中国现有 5.91 亿网
民总数的 1/6。在影视明星、商业领袖、知识分子占据主导的微博

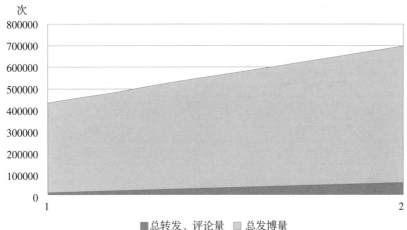

次

发博量与转发、评论量示意图

舆论场中，郭明义这样的道德模范人物达到如此高的人气，的确是一个耀眼的成绩。

从上图发博总数和转发评论总量来看，郭明义的微博已经产生了相当的社会效应。据东北新闻网统计，通过 @鞍钢郭明义取得的社会效应包括：成立爱心团队数 344 个，捐款总数 10898330.63 元，参加爱心团队和爱心活动人数 57809 人次，通过微博被帮助人数 10908 人次。由此可见，@鞍钢郭明义微博不微薄，其直接激发了凝聚爱心的社会合力。

4. 郭明义微博内容分析

2011—2013 年 @鞍钢郭明义微博发布内容统计

主要内容	数量（条）
传递爱心	2648

续表

主要内容	数量（条）
记录工作	848
记录生活	1056
与网友互动交流	2007
抒发内心情感	664
关注社会热点	746
总计	7969

开微博以来，郭明义发微博7900多条，内容涉及工作、生活、感情等方面。通过微博关键词和人民网舆情监测室数据监测显示，

围脖关键词

数据来源：围脖关键词和人民网舆情监测室数据平台。

@ 鞍钢郭明义的微博关键词"雷锋""爱心"居于显要位置，这是其微博最核心的两个词，显示了其微博的定位和主题，也契合了他作为"当代雷锋"的身份。郭明义质朴、直率地给网友"直播思想"，成为"网上最火的道德模范微博"。

通过抽样选取 @ 鞍钢郭明义评论近 1000 条的热点微博进行分析显示，这些微博内容主要涉及"无偿捐献""时事热点评论""为英雄祈祷""救助、帮扶困难群体""凡人善举传递社会正能量""展示爱国爱家情怀""社会管理创新"，其中以"凡人善举传递社会正能量""救助、帮扶困难群体""展示爱国爱家情怀""时事热点评论"最为突出。如下图：

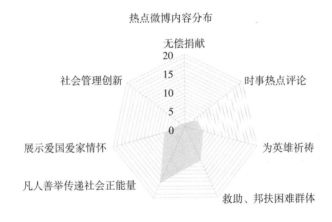

热点微博内容分布

衡量一个道德模范人物的微博是否成功，检验标准应该是有没有感召力，能不能"动人心"，有没有真正影响一片、带动一群。可以说，郭明义微博，将典型人物的影响力和带动力发挥到了最大化，这从网友的互动和跟评中能够看到直观的体现。郭明义微博在网络中真实地走进了广大群众，争取了更大多数受众，尤其是青年人的喜爱。郭明义在做好事中感悟幸福，他和他的爱心团队志愿者们无私奉献、服务社会，点滴细节都通过微博一一呈现。微博成为道德模范宣传的新渠道，拉近了道德模范与广大网友的距离，扩大了道德模范的示范效应，让郭明义的精神力量在网友们一次次地转发和评论中不断地放大。微博裂变式的广泛传播和草根动员能力对郭明义所倡导的道德追求起到巨大的推动作用。

经常关注郭明义微博的辽宁大学学生王晓磊说，通过每天阅读，时时都能找到认真、向上、进取的动力，这是对成长的最好引领和鞭策。粉丝"悄悄说两句"在博文中写道："郭明义微博给我打开了一扇通往美德和幸福的大门，让我和家人感受到了道德的力量，也让我们对于社会、对于人生有了全新的看法。"很多网友表示，在喧嚣的微博世界，看够了某些大V们每天骂来骂去的乌烟瘴气，郭明义微博带来一股清新之风和温馨暖意，不由让人共鸣。

郭明义精神无疑是社会主义核心价值观的完美体现，郭明义微博作为其精神的重要载体得到广大网民的认同，充分证明了新的传播手段带来的传播理念上的进步：用受众最热衷的社交平台、用最贴近生活的语言、通过最直接的点对点的互动，让模范的示范作用最大程度发挥。

观察其微博也可以发现，郭明义微博开通近3年来，一方面在网上影响了千千万万的网民；另一方面走过的路并不平坦，他的微博也曾经遭到过攻击，也曾经因为某些话被一些人质疑和嘲笑。越是在这种情况下，才越显示出他的微博的坚守和成功。郭明义微博，对于新时期营造积极的社会舆论环境，拓展网络舆论阵地，传播主流价值观，具有重要的历史意义和现实价值。

二、案例评析：郭明义微博传播十大经典案例

> 微博给了我一个更加广阔的平台，用爱心去帮助更多有困难的人，去带动更多愿意帮助别人的人，同时把自己的快乐和幸福传递给更多人。
>
> ——郭明义

◆ 案例一：一场十万火急的微博接力——微博的社会动员功能

@ 鞍钢郭明义

刚刚接到鞍山市中心医院一名临产孕妇的丈夫打来的电话，他妻子高艳荣怀孕大出血，婴儿恐怕保不住，急需血小板止血，请 A 型血爱心队员，到鞍山市中心血站，献 A 型血小板，救母子命！！！

2012 年 2 月 10 日 1 点多，郭明义接到一个陌生男子的求助电

话，随后发出了如上的一条求助微博。微博发出后，一场十万火急的爱心接力在鞍山开始了。这条微博被 700 多名网友转发，随后，在辽阳、鞍山的贴吧上也有网友贴出了这条求救信息。据知微数据统计，该消息曝光量高达 22,078,651，形成了强大的传播效应。网友们一致表示，一定要尽量帮助这名孕妇，不少人直接到血站捐献血小板。最终，郭明义爱心团队成员刘东博捐献了手术所需全部血小板。据媒体报道，就在刘东博捐献血小板的同时仍有大量网友联系郭明义，赶赴医院捐献血小板。最终，在爱心团队成员和热心市民的帮助下，孕妇有惊无险，顺利生产。

由下图分析可见，@ 鞍钢郭明义微博经过第一层级网民转发，救助消息快速传播。在传播的过程中 20% 的认证用户起到了再次传播的作用。郭明义用行动影响了他的粉丝：从一个陌生人的来电

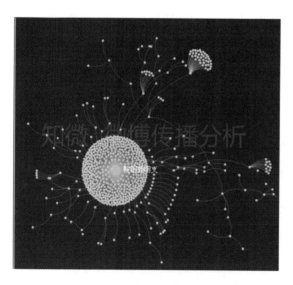
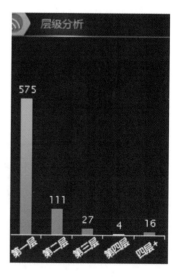

救助孕妇微博传播态势分析

到一次微博上的爱心接力，我们看到了爱心的"一呼百应"，郭明义的粉丝不仅贡献了关注，更贡献了行动力。

『社会关注』

2012 年 2 月 28 日晚，中央电视台《新闻联播》头条播出《重访郭明义（一）：把幸福给你》。之后《朝闻天下》《新闻直播间》《新闻 30 分》等栏目继续滚动播出郭明义微博救助产妇的动人故事。这次救助也成为郭明义微博迄今最广为人知的经典案例。

受助孕妇高艳荣动情地表示："没有郭明义的帮助，就不能顺利地生下宝宝，以后自己一家都要学郭明义，能帮助别人的时候，一定伸把手。"捐献血小板的郭明义爱心团队成员刘东博表示："自己捐献血小板，只是想帮助那些需要帮助的人。今后如果有人需要 A 型血小板，还会捐献。要像郭明义那样做好事，做一个对社会有用的人。"

微博评论中表示愿意积极献血者众多，血型不符的网民则祈祷母子平安，并表示愿做些力所能及的其他善举。网友"糯米饭团儿 024"表示，坚持自己的信念，这是每一个人应该做到的。

《光明日报》评论称，微博本是传播和分享信息的平台，在这里，却成了拯救生命的绿色通道。@ 鞍钢郭明义在这 140 字的狭小空间里推动了这场爱心大救援。

『案例点评』

爱心的"一呼百应"，在这个案例中得到了充分体现，令人感动，令人振奋。微博在互联网上是多个"节点"构成的"社会网络"。在这样一种"社会网络"语境中，利用微博的信息流动和扩散传播功能，能够积极动员社会力量。@鞍钢郭明义正是通过微博十分强大的社会动员能力，完满地完成了救助孕妇的爱心接力。

此次微博救助孕妇行动受到网民的认可，甚至在北京"7·21"暴雨后，有网民将救助孕妇与暴雨爱心救援车队联想到了一起，称赞微博释放出的正能量。

综合来看，@鞍钢郭明义救助孕妇和北京暴雨车队救援圆满地完成了爱心接力，展示了微博的强大动员力量，也印证了微博是可用的社会组织。这一完整救助模式也告诉我们，充分利用微博的社会动员功能，首先要依托意见领袖这一发起者，其次是民间组织、民间爱心人士、民间志愿者积极参与。可见，在救助孕妇行动中，@鞍钢郭明义发起者的作用至关重要，其形成的救援模式也值得借鉴。

◆ 案例二：微博温暖"暴走妈妈"——微博的道德引领作用

@鞍钢郭明义

刚刚接到一个求助电话：山西省临汾尧都区解放路196号临纺生活区7栋东单元7室，作为母亲郭珍珍为了儿子曹伟伟换肾已经锻炼了一年，20万手术费自己筹集了13万，还缺7万，家里已经卖掉了一切，哭泣中，悲伤中，郭明义爱心团队捐 1 万，还缺 6 万，谁能帮助他一把，使她母子下周能做上手术，谢谢了！

山西省临汾隰县黄土村的村民郭珍珍为挽救患尿毒症的儿子，决定为儿子捐肾，为了能给儿子捐献一个健康的肾，郭珍珍每天坚持锻炼、坚持暴走，体重从 154 斤减到 130 斤。但体重达标后，资金仍欠缺。郭明义在得知郭珍珍的困难后，于 2012 年 2 月 17 日下午，在微博上发帖，发动爱心团队捐款一万元，并通过微博呼吁更多的人为这个不幸的家庭捐助手术费用。

2012 年 3 月 5 日，通过郭明义的呼吁，中国通用集团号召捐款，善款由集团团委募集，并经由郭明义转交给了这位"暴走妈妈"、3 月 16 日，郭明义再一次更新了微博："中国通用投资公司全体员工以及通用集团部分团干部为郭珍珍捐 7000 元。目前，所需 20 万元手术费用全部到位，手术进入倒计时。"最终，在爱心群众的帮助下，郭珍珍母子成功完成肾移植手术。

微博传播效应和关键词

据知微分析统计，郭明义微博呼吁捐款，助力"暴走妈妈"完成换肾手术这一信息曝光量为 21,702,206 次，其微博及网友评论转发内容多为"帮助""帮帮""筹集""接力"等词语。

『社会关注』

"暴走妈妈"郭珍珍表示："虽然我们素昧平生，但是在我们走投无路的时候，只通一次电话就得到了郭师傅的大力帮助，并且他还呼吁其他人都来帮助我们，向郭师傅表示最诚挚的谢意！"

微博网友表达了对郭明义善举的敬意。网友"悄悄说两句"感慨："伸出你的手臂，汇成爱的森林。郭明义微博给我打开了一扇通往美德和幸福的大门，让我和我的家人、同事一起，感受到了道德的伟大力量。郭明义需要微博，微博也需要郭明义。"网友"安戴尔"表示，生活的每一天都可以是美好的，只是需要一双善于发现美、记录美的眼睛，@鞍钢郭明义值得学习。网友"梦落画沙"表示，郭明义用润物细无声的春雨境界，感动着每一个人，他的爱心足以让我们为之震撼和动容。许多网友希望大爱能够传递下去，因为"如果有一天我们也有难事需要帮助，你就会知道，帮助别人也是在帮助自己"。

『案例点评』

微博助力"暴走妈妈"的成功，一方面源于郭明义巨大的影响力，以实际行动赢得百姓信任，从而奠定了其微博 @ 鞍钢郭明义的公信力；另一方面，也得益于郭明义微博唤醒了网友内心深处真善美的情结，为向善的人提供了施爱的方向和渠道，契合了整个社会的精神追求。

很长一段时间以来，小悦悦事件、彭宇事件等在网上持续传播，给众多网友留下了深刻的印象，舆论慨叹我们的社会道德何以滑坡至此。事实上，每个人心中都存在着对于道德的追求，更有同情弱者、帮助他人的天性。在网络这样的虚拟平台上，更需要正向的引领、道德的支撑。在这个案例中，受益的并非仅仅郭珍珍全家，每一个人的心灵，都从中收获了正向的能量。

◆ 案例三：每一位献血者都是英雄——微博普及公民意识

@ 鞍钢郭明义

"每一位献血者都是英雄" 今天是第 9 个世界献血者日！郭明义爱心团队鞍山燃气总公司分队，鞍山师范学院财经系分队、商学院分队、青年志愿者分队 400 多名英雄队员顶着天空中温暖的细雨齐聚辽宁省鞍山师范学院，走上献血。

自 1990 年起开始义务献血的郭明义，积累了一些重要的数字：迄今参加 54 次捐献全血和捐献血小板，累计 6 万多毫升，相当于自身全部血量的 10 倍。按抢救一个病人需要 800 毫升计算，这些血至少能够挽救 75 名危重患者的生命。2006 年以来，郭明义 8 次发起捐献造血干细胞的倡议，得到 1700 多名矿山职工和社会人士的响应，占鞍山市捐献造血干细胞志愿者的 1/3。

自开通微博以来,@ 鞍钢郭明义微博呼吁"无偿献血"或是"救助献血"160 余次。关注世界献血者日微博 4 条。

2011 年 6 月 13 日,郭明义在微博上向其百万粉丝和爱心团队

2011 年 6 月 14 日是第九个世界献血者日,郭明义爱心团队参加无偿献血活动

微群发出了在 6 月 14 日参加无偿献血活动的倡议,6000 多网友评论和转发,全国各地许多政府机构和社会公益组织的官方微博、社会公益人士和影视演员也都积极回应。当天全国有 3000 多名志愿者和网友响应献血,共计献出 60 多万毫升。

2012 年 6 月 14 日,第 9 个世界献血者日,郭明义再次通过微博介绍了郭明义爱心团队献血行动,呼吁更多的人加入到无偿献血的行列里来。

@ 鞍钢郭明义关注世界献血者日发博情况（新浪微博）

内容	发布时间	转发	评论
第 9 个世界献血日	2012-6-14	114	67
第 8 个世界献血日	2011-7-7	39	40
第 8 个世界献血日	2011-6-14	79	64
第 8 个世界献血日	2011-6-12	60	31

『社会关注』

　　郭明义微博像一块磁石，将天南地北无数的爱心吸引聚集在一起。陌生的网友、郭明义爱心团队队员以及献血志愿者都对郭明义爱心献血的呼吁积极响应和支持。网友"如果可以就这样吧"认为郭明义的善举带动了一大群有为的青年奉献爱心，是社会正能量的扩散。明义爱心团队队员"冯松宝贝"对献血行动充满信心："今天是第九个世界献血者日，我们郭明义爱心团队鞍山燃气公司分队的志愿者，冒着细雨绵绵的天气在采血车下面，等待献上自己的血液，奉献自己的爱心。"

『案例点评』

　　自郭美美事件以来，我国以红十字会为代表的公益性组织、公益活动也受到波及，深陷"塔西佗陷阱"，即一个组织失去公信力时，无论说真话还是假话，做好事还是坏事，都会被认为是说假话、做坏事。我国的公益事业开展受到严重冲击。在很多地方，无偿献血也成了"奢望"。

　　2012 年 9 月，《中国慈善家》杂志发表调查文章称"中国血库告急，信任引发危机"。血库告急与信任危机一时间成了不可调和的矛盾，如何更好地推动公众参与献血成为亟待破解的难题。

在这个背景下，有多年义务献血经历的郭明义无疑具有标杆性的意义。郭明义用自己的行动，实践了"贡献可再生的血液，挽救不可再生的生命"，让人们看到了"献血光荣"并不只是宣传口号，形成了强烈的示范效应。通过微博，这种示范效应更借助网络、网友之力得以无限放大。而通过对现代公益事业的诠释，也逐渐地改变了人们把志愿者仅仅看成是好心人，把志愿精神仅仅看成是个人道德良知体现的观点，普及了社会责任感和公民意识的理念。

◆ 案例四："最美交警"大爱仁心——微博设置舆论议程

@ 鞍钢郭明义

"他毕竟还是孩子，还要考试，不能耽误他的学业"1月29日海南海口交警蔡健家，执法时被一个无牌驾驶摩托的中学生打伤，被打得头破血流也没有还手，他委屈流泪，却坚持不追究该学生责任。他曾在执勤中受重伤还有后遗症，但依然坚持工作。他也是常人，有太多的委屈和心酸就哭出来吧！

2013 年 1 月 30 日，海南一家媒体报道，海口"最美交警"蔡

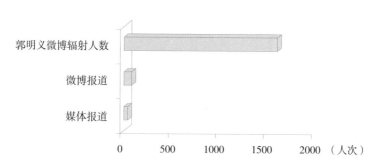

媒体报道情况与 @ 鞍钢郭明义微博辐射人次情况

健家拦下一驾驶无牌摩托车的学生进行检查时，竟被该学生出手打伤。蔡健家事后表示不追究该学生的责任。2 月 11 日，@ 鞍钢郭明义转发微博评论道，"他也是常人，有太多的委屈和心酸就哭出来吧！"突出海口"最美交警"蔡健家尽职尽责、仁心仁爱。郭明义此条微博转发评论千余次，辐射人群近 2000 人。在微博中引发网民对海口"最美交警"的理解与赞誉。

『社会关注』

郭明义微博关注此事前，海口"最美交警"蔡健家被打的新闻报道量、微博关注量均较少。@ 鞍钢郭明义微博慧眼独具，凸显了蔡健家大爱仁心。网友"青岩"说："哥们，都说男儿有泪不轻弹！不过，我还是希望你痛痛快快地哭一场吧，你有太多的委屈和心酸了！你也是常人，你也需要宣泄。"

网民感动之余，也增加了对交警这一行业的理解。网友"健博微谈"说："经常见到该名交警执勤，始终面带微笑、和蔼可亲、标准指挥。他真的很棒，鄙视打人者。"许多网友由此感悟到交警职业的辛苦不易，进而反思自己过去对交警的观感和态度。因一些负面事件导致的警民分歧，正需要通过类似这样的案例逐渐消融。

『案例点评』

大 V 郭明义关注海口"最美交警"，看似一个微小的案例，其实却具有特殊的意义：

第一，随着改革的深入，社会各阶层利益博弈日益加剧，涉警类舆情高发且易触碰敏感点，各地涉警负面舆情持续处于高位，危及公安机关的公信力，伤害公安人员形象。如果任由舆情发展，势必会造成严重的影响。

第二，近年来，交通拥堵、滥罚款等民生领域的涉警事件频发，加之网民对公安人员存在一定程度的刻板印象，"交警被打"可能引发网民以狂欢心态泄愤。此舆论倾向如不及时引导极易增加社会矛盾因子。

第三，加大对公安人员队伍中典型人物的宣传，有助于网民走进公安民警的世界，进一步了解公安民警的工作，能够换位思考，弥补信任缺失造成的心态对立。郭明义站在常人角度一句情深意切的"哭出来吧"，让网友深切地感受到了这位交警的最美之处，使得这个案例的正向意义真正发光发热。

◆ 案例五："美德少年"王帅引思考——微博以"真实"为基础

@ 鞍钢郭明义

6 月 24 日，"妈妈，给我买条裤子吧"已经 14 岁的他很少提请求。两个小时后，遂宁一中学生王帅因救落水同学，永远离开了。送葬那天妈妈给他买了新衣服，170 元，这是他最贵的衣服。他一直是个平凡的孩子，但生死间的抉择是花季少年最纯的心境诠释，危急时刻的行动体现出令人肃然起敬的英雄情怀。

2012 年 6 月 24 日，遂宁 14 岁少年王帅在激流中挽救了同伴的生命，献出了自己的生命。7 月 11 日，遂宁市船山区精神文明办决定发起"学习美德少年王帅同学"活动。12 月 19 日，王帅获得《大爱遂宁》慈善公益晚会"大爱人物"表彰。组委会给予王帅的颁奖词是："那纵身一跳既是本能，也是花季少年最纯的心境诠释，别去问生命的价值，因为滔滔河水定格了他 14 岁的青涩，生死抉择间，体现的是他义无反顾的英雄情怀。那奋力一推，成就的是他人生命的延续，辉煌的陨落，化成了让人肃然

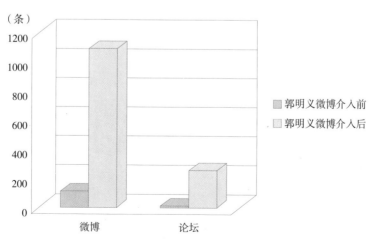

@ 鞍钢郭明义介入前后舆论空间数据

起敬的感叹。"

慈善晚会后，@鞍钢郭明义于 2013 年 1 月 8 日发布一条微博，为这个平凡的孩子做出的生死间的抉择感慨。该微博迅速引发反响，网民感慨，在寒冷的冬天感受到火一般的温暖。

郭明义微博的介入，对提升王帅事件的关注度产生了重要影响。2012 年 6 月 24 日至 2013 年 1 月 7 日，关于王帅事件的论坛关注 15 篇，微博 109 条。郭明义微博发布后，自 2013 年 1 月 8 日至 2013 年 12 月 31 日，论坛关注达 256 篇，微博 1089 条，传播效果明显。

『社会关注』

郭明义的微博发出后，网友评论中形成了向王帅学习和致敬的呼声，如网友"中国班服官"赞"将爱的力量传递下去"。网友"面向大海 123456"表示，王帅在危难时刻想到别人，完全忘记自己，牺牲自己，这是一种无私忘我、大无畏精神的表现。在日常生活中，我们要向王帅学习，考虑问题或做事时多替他人着想，让我们的生活变得更加和谐，更加美好！向英雄致敬！

王帅的牺牲，也使一些网友产生了更多思考，并提出以牺牲自己换取他人生命的见义勇为，是否值得倡导的讨论。如网友"世说新语"就发出质疑："请问郭明义同志，王帅用一条生命去换另一个生命，考虑过父母的感受吗？所谓的高尚情操就是鼓动民众去以命搏命？这种事被你这种公众人物宣扬，它就成了一种引导民众的价值观！为什么不从安全预防角度去反思？每个生命都是自由尊贵的！"网友的此类评论，虽然表达的口气严厉，其实也是一种理性的有价值的思考。有网友则针对该质疑解释道"这样的结果我们不想看到，但这同时也是这个社会的正能量！只是我们在传递正能量的同时，更要好好地保护自己！"

『案例点评』

这个案例反映出郭明义微博能聚集人气，赢得网民认可的几个重要原因：

第一，真实是微博生命力之源，要想赢得认可，首先确定发出消息的主体是真实可靠的。网友认为"当代雷锋"不是高高在上的神，而是可亲可敬、有血有肉的人，"当代雷锋"也不是做好事惊天动地，而是点滴之间、贵在参与。郭明义微博对"美德少年"的赞美，让网民们真实地感受到，原来"雷锋"就在身边，雷锋不仅存在过，在现实生活中也是活生生地存在着。

第二，责任是微博的生命之基，谨言慎行，唤起社会责任意识。网民能接受的"当代雷锋"不是哗众取宠、制造热议，而是要有可复制性。当网民探讨"以牺牲自己为前提，值得与否有待商榷"时，@鞍钢郭明义的微博对"美德少年"的描述是笔下流出的真情真意，展示其精神是可复制的。在网民普遍认为社会道德滑坡之际，"少年跳水救人"事件让人看到了希望。

◆ 案例六：致敬黄骅老人陈月明——微博以"真情"为动力

@鞍钢郭明义

河北黄骅83岁老人陈月明，20年来每天早上为老母亲穿戴严实，陪她出门散心，像照看小孩一样精心伺候107 岁的老母亲。他说小时候母亲不是吃糠咽菜干农活，就是独自一人四处讨饭，自己当兵时娘想儿差点哭瞎眼，"我娘受的苦受的罪，我至死也不能忘记。我会用心善始善终地孝顺她"。

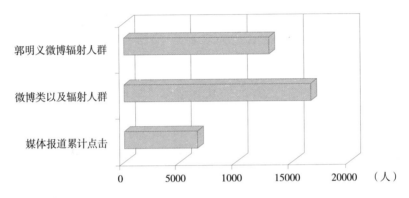

陈月明老人事迹的媒体报道与 @ 鞍钢郭明义传递正能量辐射人群数量

2012 年 11 月媒体大量报道黄骅老人陈月明的事迹，《黄骅孝顺八旬翁背着百岁老娘去散心》报道 20 余篇，累计点击量 7000 余次。微博报道累计转发、评论辐射到的人数约 1.7 万，@ 鞍钢郭明义微博辐射人数近 1.3 万。

『社会关注』

和谐社会正能量宣传必不可少，郭明义作为公众人物，其微博恰恰起到了这个作用。从评论中的网民留言来看，正能量的传递起到了很好的效果：第一，更多的网民为爱而感动，评论点赞、称感动的网友近 40%。一个容易为爱而感动的社会，也必然会因爱而行动。

第二，重申"百善孝为先"，让更多网民看到了榜样，励志学习陈月明。如网友"郑州日产公益伙伴"称"如此孝心和耐心，值得我们所有人学习。当人步入暮年时，最需要的是亲人的爱和关怀。这时候，就要像小时候父母牵着你的手一样，你也要牵着父母的手，陪他们走过人生的风雨。"

第三，有网民表达"子欲养而亲不待"的痛惜，分享自己的感受，更深刻地提示网友们"羊羔跪乳，乌鸦反哺"。甚至有网民认为，这种正能量应作为教材，将爱发扬光大。

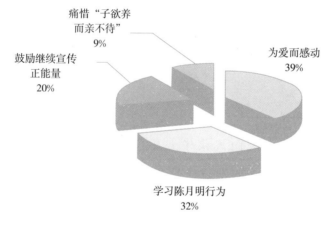

痛惜"子欲养而亲不待" 9%

鼓励继续宣传正能量 20%

为爱而感动 39%

学习陈月明行为 32%

@ 鞍钢郭明义微博中网民观点

『案例点评』

@ 鞍钢郭明义对黄骅老人陈月明事迹的关注，凸显了重要的社会实践意义：

第一，展现真实小人物的光辉。随着经济的快速发展，有网民反映，快节奏的生活冲淡了亲情，道德滑坡、长幼无序。"啃老族""傍老族"等社会问题也随之滋长。作为公众人物，@ 鞍钢郭明义传递了"百善孝为先"的理念，并通过真实的小人物反哺之举，展现亲情的光辉和责任感。

第二，满足粉丝群的情感需求。随着社会老龄化程度的加深，空巢老人越来越多，已经成为一个不容忽视的社会问题。到 2050 年，我国独居和空巢老年人将占 54％以上，空巢老人的情感寄托问题，一直引发关注。@ 鞍钢郭明义的微博粉丝中，有相当一部分是青壮年，部分常年在外，通过陈月明感人的事迹，激励常年在外的年轻人关注独居的父母。

◆ 案例七："微宣讲"十八大——微博是红色舆论的新阵地

@ 鞍钢郭明义

十八大啊，走向民族伟大复兴的里程碑，你承载了，太多太多党和人民的期待、期盼，民族的希望、未来，我来到了你的面前，倾听你，清醒、坚定、无比有力的强大的声音。中国特色的道路，科学发展观，牢记宗旨，坚守信念，振奋精神啊！为你的意志、你的目标、努力拼搏，把人民放在心里啊！任何力量也阻挡不了祖国前进的脚步！

2012 年 11 月，党的十八大召开，郭明义作为辽宁省十八大代表团一员前往北京"带着工友的嘱托、百姓的期盼"参会。@ 鞍钢郭明义微博中，涉及十八大的微博有 34 条，累计转发、评论近

2万次，其中转发量超千次的微博有三条。@ 鞍钢郭明义关于十八大的微博中 # 微宣讲我看十八大 # 专栏引人关注，累计转发、评论6000多次。

2012年11月至2013年11月，媒体关于十八大的报道共53万余篇，论坛博客21万余条。可以说，@ 鞍钢郭明义对十八大的宣讲占比较少，但其以身作则的行为足以将正能量传递给粉丝，郭明义对十八大的"微宣讲"积极地宣传了十八大精神。

『社会关注』

在"微宣讲"中，郭明义对反腐问题也发表了自己的看法："一个党员必须时刻提醒自己，真正的党员是无私的，必须把百姓的利益当作自己的利益。只要心中放着百姓，和百姓一条心，就会保持自身的廉洁，和腐败绝缘。"39%的网民为之感动，其中不乏党员干部，"学习他对党忠诚的政治品格，清正廉洁的职业操守，淡泊名利的人生态度，不断提升个人的道德素养。"网民"甘肃庆阳黄土木子"称"老郭的语言很朴实，没有豪言壮语，更没有惊天动地的举动，他与常人一样，过着常人的生活。但他的精神却影响了一代人！这，就是信仰；这，就是热爱生活的人——助人为乐、知足常乐！"

在郭明义的"微宣讲"中，网民关注十八大利民措施的近20%。如 @ 鞍钢郭明义发布十八大关于大力推进生态文明建设、发展教育、医疗时，网友"dcdlwc"表示，期待我们的家园更加美丽，落实中央十八大精神。网友"蓝天无夜"表示"听到这个消息我很放心，因为我的祖国有能力维护我们的权益，说明我们

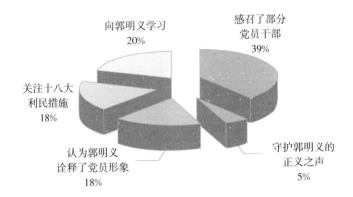

@ 鞍钢郭明义"微宣讲"十八大的网民反馈

的经济在不断进步，人民生活也将不断提高，很期待五年后的生活。"

还有网民认为"郭明义身份变了，但共产党员的本色没变，向@ 鞍钢郭明义学习。"

郭明义的体制内身份以及高热度的"微宣讲"十八大也不可避免地被一些网民质疑，但随即有网民表达支持，"以狭隘的心去揣测一个默默关心身边人的老实人，何尝不去思考一下自己是否为身边人、为这个社会做出过贡献。如果有请坚持，如果没有请把浪费在猜疑的时间上做一些有助于他人的事。"

【案例点评】

一段时间以来，一些地方党政机关因长期公信力失血，造成形象危机，面临较大的舆论风险。另一方面，在喧嚣的网络中，主流价值观频频遭遇解构和冲击，一些传统革命人物，如方志敏、张思德、刘胡兰、董存瑞、雷锋等遭遇诋毁与恶搞。"7·23"动车事故、郭美美事件等等社会事件中，各类谣言借机生事，使得相关机构舆情压力雪上加霜。因此，扩大红色舆论"阵地"，转化灰色舆论间，排挤黑色舆论地带十分必要。正如习总书记在"8·19"讲话中指出的"积极巩固壮大主流思想舆论，弘扬主旋律，传播正能量，激发全社会团结奋进"。十八大之后，在各方的积极努力下，网络舆论空间呈现出雾霾渐散、清朗初现的局面。郭明义的十八大"微宣讲"，正是在复杂的网络舆论环境下，以红色舆论坚守了网络舆论阵地。

◆ 案例八：赞有担当的"富二代"——微博是社会分歧的弥合剂

@ 鞍钢郭明义

7月2日凌晨，山东烟台开发区某建筑公司办公楼突发火灾，总经理周江疆发现火情大声呼救沉睡的员工，后又不顾危险返回火场救人，员工全部获救，他却不幸遇难；他28岁，1.86米个头，即将结婚。他开保时捷，是"富二代"，也是预备役士兵。这位崇尚军营、崇拜英雄的年轻人，用生命铸就了一座英雄丰碑。

2012年7月2日凌晨，山东省烟台开发区内一办公楼发生火灾。通州建总集团有限公司烟台分公司总经理、28岁的海门青年企业家周江疆为救员工在这场火灾中丧生。次日，《烟台晚报》、《齐鲁晚报》、山东网等多家媒体报道了周江疆为救员工蹈火遇难的消息，新华网、人民网等多家主流网站同步转发了这一消息。

《新闻联播》、《焦点访谈》相继播出"两入火海救人28岁小伙不幸牺牲"的消息,周江疆的事迹在全国引起强烈反响。7月4日,@鞍钢郭明义发表微博,称赞有担当的"富二代",转发、评论近1500人次。

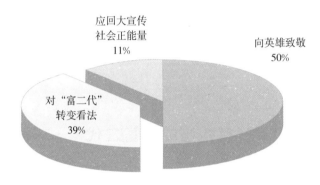

周江疆事件中 @ 鞍钢郭明义粉丝言论占比

『社会关注』

在此次微博网民言论中,多数表达了对英雄的敬意,对"富二代"的片面看法明显改观,正能量的传播让善意的雪球越滚越大。

如网友"友爱大使"称"当今社会,我们看多了为了利益而不惜变着法子盘剥员工、无理扣发工钱、强迫超时加班的黑心老总,他们丑陋的嘴脸让人愤恨,而江苏南通的这位28岁的总经理为了员工的生命,竟然两次冲进火海而不幸遇难,这样极富爱心的老总,这样崇高的义举怎能不让人感动万分。让我们忘掉贴在他身上总经理的标签吧,他就是一名平凡的、勇敢的人,一位永远让我们敬重的人。"网民"守株带 T"认为"这就是担当。他证明了年轻的一代仍可以撑起道义和责任。祖国幸甚、民族幸甚!"

网民"镜花幻月"表示,在网上搜"富二代"能找到的大都是负面新闻，能够看到如此的消息希望能让心中对"×二代"的印象有所改观吧。并认为应该多看到一些对"富二代"的正面宣传。

『案例点评』

从当年杭州胡斌开车撞人案，河北"我爸是李刚"到如今的李某某事件，"富二代"话题此消彼长。"富二代"作为一个标签往往成为公众评价一个事件的常用话语，久而久之，就被塑造成社会成员对某个群体的普遍观感。更重要的还在于，舆论对"富二代"的评价已经超越了标签本身，它还夹杂着某种持续已久的道德评价。

搜索发现，"富二代"话题的相关微博数高达 500 多万条。其中大部分为声讨"富二代"话题，这不仅反映了大众对贫富分化的焦虑，还有着对为富不仁的控诉。社会上对"富二代"已形成的偏见、对"为富不仁"的刻板印象，极易撕裂社会共识。

周江疆的救人善举让人民看到了有担当的"富二代"，加大对周江疆的正面事迹进行宣传有利于缓冲社会分歧。拥有众多粉丝的 @ 鞍钢郭明义，再次发挥了体制内意见领袖的作用，较好地转变了部分网民对"富二代"的偏见，对弥合社会人群矛盾起到了积极的宣传引导作用。

◆ 案例九：祈福雅安地震——微博的信息及时播报功能

@ 鞍钢郭明义

距首次地震已 12 个小时了，156 位同胞离去，救援还在紧张进行。虽然我们现在能做的不多，但我们可以为逝者致哀，让他们去得安详；为伤者祈福，让他们得到安慰；为救援者加油，让他们获得更多的力量，手拉手传递温暖，肩并肩共渡难关！亲人们，我们就在你们身边！今夜，我们都是雅安人，我们都是一家人！

2013年4月20日8时02分，四川省雅安市芦山县发生7.0级地震。雅安地震之后，@鞍钢郭明义迅速行动起来。当天@鞍钢郭明义即关注地震受灾情况。郭明义微博中涉及雅安地震的微博共11条，累计转发、评论近3000条。

除了微博线上关注地震灾情，郭明义爱心团队还发起线下救援捐款。4月25郭明义爱心团队辽阳县人民检察院分队成立，捐款26200元，其中18200捐给了四川雅安地震灾区人民；青海省郭明义爱心团队负责人石磊组织青海大学昆仑学院5名同学奔赴受灾地区；郭明义本人捐款5000元。郭明义为雅安行动的善举受到了网民的一致好评。

『社会关注』

在有关雅安地震的@鞍钢郭明义微博中，网民评论所涉内容包括播报灾情、帮助寻亲、为雅安祈福、关注灾后重建、英雄事迹、领导视察、辟谣等信息。网民积极参与网络救援行动。在@鞍钢郭明义线上呼吁、线下参与的救援模式感召下，网民也积极参与线下救援，形成了正能量的雪球。网民鼓励灾区人民"坚强的面对困难世界将更精彩，我们在一起"。

『案例点评』

此次郭明义微博对雅安地震的关注，表现出以下几个鲜明特点：

第一，迅速关注灾情，及时传递信息。@ 鞍钢郭明义及时关注灾区情况，4 月 20 日当天即发布 8 条微博。第一条微博转发新华社快讯："总理来了！"总理奔赴前线指导抗震救灾工作，冒着余震和专家研究救援计划极大地安抚了民心。@ 鞍钢郭明义及时发布这一信息，拓宽了向外界传递信息的渠道，帮助抚慰民心。

@ 鞍钢郭明义关于雅安地震微博网民评论分析

第二，发布内容满足网民之所需。监测显示，自 4 月 20 日地震爆发至 4 月 21 日 24 时，各种相关信息已高达 1500 万条，其中，微博更是信息传播的主场，相关微博信息达 8700 万条，远高于新闻、博客和论坛。据统计分析，所有信息中，正面舆情信息占比

59％，而舆论最主要关注内容是救援信息。4月20日至21日，@鞍钢郭明义所发内容大部分为伤亡情况和现场救援情况，尽可能地满足了网民对地震现场的信息需求。

第三，发动郭明义微博集群化效应。4月23日后，郭明义开始为灾区援助奔走。在微博中，发布援助地震灾区的感人事迹，其中坚强的汉旺教师廖智感动了众多网友。此后，微博发布郭明义班测绘、郭明义爱心团队辽阳县人民检察院分队等爱心团队的捐款行动。

大灾之中有大爱，@鞍钢郭明义充分利用网络信息传递即时、便捷的特点，第一时间向粉丝播送雅安灾况，跑在了救灾、援灾的最前线。

◆ 案例十：点评 2013 年反腐大案——微博的网络声音引导作用

@鞍钢郭明义

人心向背关系到党的生死存亡　目前对张曙光　刘志军　薄熙来的审判　表明了中国共产党坚定全心全意为人民服务的坚强意志　反映了人民的呼声　意志　愿望　不论什么人　处于什么样的地位　只有为人民服务的权利　作为一名党员　党员领导干部　必须首先遵守法律　严守党章的规定　把党和人民的利益放在第一位　人民拥护您

2013 年 9 月 2 日，@ 鞍钢郭明义发表评论性微博，对 2013 年几起大案予以点评，肯定反腐成绩。该微博被转发、评论 4000 余次。

『社会关注』

结合 2013 年的几起重大案件，微博中网民的评论倾向如图所示，大部分是谈论案件本身、就事论事，但除了对社会越来越好表示期待之外，还有约 39％的网民舆论对社会现状表示不满，或抱怨不公平或质疑官员腐败或恶搞红色经典。网络虽然不等于全部民意，但这部分舆论也反映出当前的一些典型的社会心态。很多网友对 @ 鞍钢郭明义的微博评论表示认同，如网友"R141—森林小毛熊"认为"空谈误国，实干兴邦，劳动人民需要郭明义这样的榜样。"

『案例点评』

2013 年 9 月，薄熙来案、张曙光案、雷政富案、杨达才案等

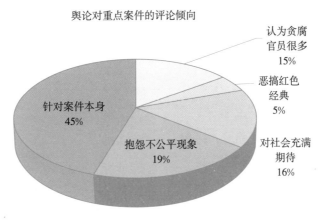

舆论对重点案件的评论倾向

社会舆论对重点案件的评论倾向

一系列案件集中审理，加之 6 月份审理的刘志军案，这一年大案要案审判密集，公众高度关注。据 2013 年 10 月人民网舆情监测室《互联网社会责任与舆论生态报告》数据：对 10 位各行业具有代表性的人士，包括媒体人、公益人士卫庄，学者武大沈阳、雷颐，导演贾樟柯，律师、法学者周泽等人的微博进行抽样统计发现，意见领袖 2013 年对司法案件的关注度呈现增长趋势。这也从侧面反映出这些大案要案对于我国政治和社会发展的标志性意义。对于这些舆论焦点，@ 鞍钢郭明义没有失声，而是基于自身价值立场做出郑重评论和表态，发挥了体制内意见领袖的舆论引导作用。

三、互动模式：八大互动"宝典"

用受众最热衷的社交平台、用最贴近生活的语言、通过最直接的点对点的互动，将中华民族的传统美德与现代化的慈善模式结合起来，让模范的示范作用最大限度地发挥，这就是郭明义微博的成功秘籍。综合起来，郭明义微博有八大互动"宝典"，分别为："回应——个人救助""转发——整体动员""呼吁——推介公益""记录——凡人善举""汇集——爱的能量""思考——社会热点""真情——个人生活""释疑——守护信仰"。

1. 微博救助：爱的回应

『互动模式』

@ 鞍钢郭明义微博秉承着郭明义的真实性、亲切感，从开通之日起便成为了网络世界的"救助站"：一个电话、一个私信都能及时得到郭明义回复和救助。郭明义常说，"微博给了我一个更加广阔的平台，用爱心去帮助更多有困难的人。"郭明义的粉丝郭连荣说，面对网上的每一个救助，郭明义都尽全力去落实，不让一个人寒心，正是近乎极致的真诚，点燃了更多人的良善之心，感动更多人来守护爱心家园。

『代表案例』

@ 鞍钢郭明义

刚到锦州，见到了爱心团队的队员：锦州市文联音乐家协会副主席史桂萍，她听到我要给患有运动神经元疾病，离婚，女儿判给妻子，同年老父母生活一起十分艰难的冯晓明拿 1000 元生活费后，她也从自己身上掏出 500 元，捐给冯晓明，帮他渡过难关。1500 元，委托锦州市委组织部到他在北镇的家里，交给冯晓明。

刚从鞍山市中心医院回来，去看望鞍钢矿业公司设备检修协力汽修车间女天车工付继霞。她得了脑出血，躺在病床上。神志不清醒，她的孩子中考成绩是 665 分。我给她拿了 1000 元，同时，我还看望了工友有病的孩子。拿了 500 元。这是我能做的，我为什么不做呢？

💬 这个孩子叫王晨羽——脑瘤，父母离异，同爷爷生活。我来到医院看望他，并给他送来了 1000 元。同时，鞍山市团市委也走上街头募捐了 64341 元，也给他送来了。

2011 年年底，山东聊城残疾女子赵来秀托人在网上发来求助，不久前她丈夫检查出肺癌，全家举债治病，连 7 岁女儿上学都成了难题。郭明义很快给她汇去 2000 元钱，又联系聊城慈善总会对她家进行救助。

2012 年 5 月，四川某高校一名大四女学生因家庭困难，尚欠学校 6000 元学费，影响到正常毕业。在微博上向郭明义求助，郭明义经核实后，同粉丝董敬一起为这名女生寄去 6000 元钱，帮助孩子解了燃眉之急。

2012 年 7 月，有热心网友向 @ 鞍钢郭明义、@ 邓飞、@ 宁财神、@ 陈光标、@ 任志强、@ 潘石屹等转发湖北夏学锋患淋巴瘤的求助微博。郭明义快速反应，核实真伪后捐款 2600 元。

2012 年 8 月，热心网友将北京交通大学研究生于永山患白血病的消息转发给 @ 鞍钢郭明义，几天后，郭明义到北京出差，为于永山带去爱心团队第一笔捐款 4420 元；10 月 15 日他再次看望于永山，把身上仅有的 1000 元钱留给母子俩。

『宝典价值』

作为"当代雷锋"，郭明义数十年来以一己之力救助了无数需

贵友大厦的爱心志愿者董敬和郭明义在北京站第一次见面

要帮助的人。而微博的开通，将郭明义开展救助的平台，拓展到了网上。寻求帮助的人不再需要千里迢迢寻找郭明义，或者一遍遍拨打他的电话。只需要一个跟评，或者一条私信，就可以把自己的诉求第一时间传达给郭明义。而郭明义，通过及时响应各种救助诉求，继续实践自己的道德理想。微博架起了一条新通道，让助人者与被助者寻找彼此，让郭明义在更大的平台上，去做更多、更好的事，帮助更多的人。

2. 微博动员：爱的转发

『互动模式』

在郭明义的微博里，一次次的信息转发和评论成了拯救生命的绿色通道，在这 140 字的狭小空间里，推动了一场场爱心大救援。"线上呼吁、线下行动"，微博展示出强大的社会动员能力，将天南地北无数的爱心与善心吸引聚集在一起，形成一股炽热的"微博能量"。

『代表案例』

@ 鞍钢郭明义

💬 辽宁鞍山 18 岁农村孩子高明潭患急性淋巴型白血病在沈阳医大一院住院，他姐姐将捐献骨髓，但家中无力承受 50 多万手术费。昨天东北新闻网付海鹰台长代表爱心团队送去 2000 元钱。小高已收到 20 万元捐助。呼吁大家伸出援手，用爱心为他铺设希望之路。账号：中国农业银行 6228480588048207272，开户人高明潭。

💬 刚刚接到鞍山市中心医院一名临产孕妇的丈夫打来的电话，他妻子高艳荣怀孕大出血，婴儿恐怕保不住，急需血小板止血，请 A 型血爱心队员，到鞍山市中心血站，献 A 型血小板，救母子命！！！

💬 刚刚接到一个求助电话：山西省临汾尧都区解放路

196 号临纺生活区 7 栋东单元 7 室，作为母亲郭珍珍为了儿子曹伟伟换肾已经锻炼了一年，20 万手术费自己筹集了 13 万，还缺 7 万，家里已经卖掉了一切，哭泣中，悲伤中，郭明义爱心团队捐 1 万，还缺 6 万，谁能帮助他一把，使她母子下周能做上手术，谢谢了！

此外，为贫困儿童捐献衣物，为患病儿童募集善款，为白血病患者捐献造血干细胞……通过微博，郭明义转发微博帮助了许许多多的人。2011 年 10 月 7 日，郭明义在微博上发出捐助贵州贫困学生的号召，各地网友纷纷响应，"最美妈妈"吴菊萍、"信义兄弟"孙东林、"最美洗脚妹"刘丽都参加进来，共捐款近 20 万元，衣物上万件。这些年，通过 @ 鞍钢郭明义微博有 10908 多名贫困学生和困难群众得到了帮助。

『宝典价值』

在有限的生命里，郭明义一直尝试将爱心最大化，尽可能帮助更多的人。但一个人力量永远是有限的，扶危济困、见义勇为，不应成为郭明义一个人的事业，而是要动员全社会的力量。郭明义的微博，表现出了强大的社会动员能力，把线上的关注，第一时间转化为线下的行动力，很多网友听从他的召唤，以现实行动表达支持。这样的微博动员，反馈快、效率高、覆盖广，未来更将大有可为。

3. 微博推介：爱的呼唤

『互动模式』

　　郭明义微博将以往单纯的道德说教变为了充满人性的精神感召。郭明义个人累计献血 6 万多毫升、积极参与器官捐献，并利用 @ 鞍钢郭明义这个平台积极推动微公益事业，呼吁网友积极参与，光荣自己利于他人。网友称"公益事业需要大家的参与，有郭明义在微博里带领大家，我们一起来努力，明天会更好！"

『代表案例』

　　@ 鞍钢郭明义

　　　早早赶到采场，见到了工友刚绍辉今天下夜班，他在《中国人体器官捐献志愿书》上，签下了自己的名字。承诺死后，将自己的有用器官捐献出来，挽救他人的生命。

　　　鞍山一中的高二学生史芳菲在父亲的陪伴下，来到了我这里，在《中国人体器官捐献志愿书》上签下了自己的名字，承诺有那么一天，捐献自己身体的一切，来纪念十八岁成人日子，实现回报祖国，人民的梦想。

　　　明天，我将赶到空军总医院，参加空军总医院组织的献血活动。因北京血源紧缺，医院免费为西藏、四川及我带去的辽宁鞍山的先天心脏病儿童做手术需要血，还有其他大手术，急需血液抢救生命，我已经发出倡议，得知消息，明天还有爱心团队北京交通大学学生、贵友大厦、鞍山团队也参加这一活动。

今天上午，我参加了鞍山市纪念世界献血者日大会，和众多鞍山的无偿献血志愿者进行了交流。在这次大会上，我向爱心团队在全国各地的志愿者发出了在6月14日参加无偿献血活动的倡议。捐献更多血液，挽救更多生命！履行公民责任，奉献一片爱心！

2011年6月14日，在第八个世界献血者日到来之际，@鞍钢郭明义推介郭明义爱心团队举行的大型无偿献血活动。据不完全统计，活动当天，全国各地和各行各业的郭明义爱心团队的3000多名志愿者共计献血60多万毫升。

『宝典价值』

微公益，是伴随微博兴起后出现的一种新的开展公益事业和活动的方式。借助微博的技术和社会特性，这一新的公益方式表现出了与时俱进的巨大的生命力。典型的如媒体人邓飞开展的"免费午餐"活动，产生了强大的辐射力，并取得从官方到民间的认可，极大地拓展了公益事业的效率和影响力。郭明义的微博，同样致力于展示、推介各种公益活动。这种通过微博即时互动的传播形式，让服务社会的志愿者形象更加可亲可信，让社会公益活动更加真实可感，因而产生了很强的示范性和感染力，仿佛强大的磁场不断积聚公益的能量。越来越多的人由过去微博中道德的评判者变为道德的实践者。而那些在第一时间以志愿者的身份所发出的一条条救助召唤，在微博中瞬时产生"滚雪球"效应，得到成倍的放大，宛如冲锋的号角，指引成百上千的志愿者伸出援助的双手。

据中国互联网信息中心（CNNIC）最新发布《第 33 次中国互联网络发展状况统计报告》称，截至 2013 年 12 月，我国微博用户规模为 2.81 亿。微博或许是广大青少年获得信息最主要的渠道之一。@鞍钢郭明名义作为拥有千万粉丝的大 V，其推介的公益活动、发起的动员都势必会产生更大的影响。

4. 微博记录：爱的镜像

『互动模式』

@ 鞍钢郭明义微博以关注普通人着称，记录着生活中的凡人善举。微博发布的照片，经常是宾馆服务员、公交司机、厨师还有矿场的普通工人；发布的文字经常是对普通人点滴小事的描述。正如郭明义所言："我的手机总是对准普通劳动者，因为我自己就是一个普通人。"

『代表案例』

@ 鞍钢郭明义

11 月 3 日早上，山东枣庄二中高三学生龚钰犇和同学突遭车祸，他一把推开同学，自己却被压在车轮下，致使右腿高位截肢。这个 18 岁的大男孩不得不告别曾酷爱的篮球和当兵报国梦想。感动于最美中学生的义举，社会各界人士纷纷献出爱心，社会正能量在逐渐放大。钰犇，你是坚强勇敢的男子汉，向你致敬！

为了让一位盲人乘客赶上夜里末班车，上海786路公交车司机每天晚下班三分钟，一直坚持了三年，直到去年5月盲人乘客上班的地方搬迁为止。事情虽小，但会让大家内心油然升起一种温暖。我们同样可以去感动别人，和可爱的司机师傅一样放慢脚步，设身处地为别人着想一下，用实际行动让我们的社会更温暖。

山东青岛一位83岁高龄的老人周元武，在零下7℃的寒风中，连续4天一边乞讨一边举牌寻找失主。此情此景，深深触动着经过此处的每一位市民；这一画面也迅速感动了全国网友，那饱经风霜和岁月刻画的面庞下，那在寒风中瑟瑟发抖的身体里所隐藏着的，该是一幅多么火热的心肠！

兰州24中代课老师李成环月工资只有800元，但她省吃俭用攒下钱都捐给玉树灾区。20天前和丈夫用办婚礼所剩1.6万元买了700双棉鞋，从兰州到玉树送给孤儿，返程路上遇车祸，已有身孕的她终因伤势过重，生命永远定格在25岁。她是家人同事学生心目中的好孩子好同事好老师，她是用年轻的生命铸就了爱心之路。

21 日，四川都江堰 52 岁公交车司机高洪明驾驶途中突发脑溢血，口不能言、半边身体不能动，几番倾倒，几番挣扎着坐起，左手完成了车辆避让、靠边停车、熄火等一系列动作，完成了他生命中最后一次停车，乘客安然无恙。他再一次诠释责任敬业与大爱，再一次给了我们冬天里的感动和温暖。

『宝典价值』

@ 鞍钢郭明义微博发布的以上一系列凡人善举，目的是想要通过普通百姓的生活镜像展现人间大爱，告诉我们"不是缺少爱，是缺少发现爱的眼睛"，同时促成正能量的星星之火变成燎原之势。

郭明义微博的这一互动模式之所以成功，是由于它一改媒体以往的自上而下的"我说你听"的灌输模式，自创了"你主动来听我说"的平行模式。灌输式宣传道德，受众没有选择、没有交流、没有互动，不易产生共鸣。郭明义微博通过一件件小事，帮助网友去自己感觉、思考，然后作出判断。从好奇到关注，再到交流互动，直至产生共鸣、一路追随，恰恰是众多网友跟着郭明义学雷锋走过的轨迹。如何借助现代信息传播手段，让先进人物的传播更生动、喜闻乐见、能够融入日新月异的社会文化和时尚生活，郭明义微博的力量当给我们深刻的启示。只有积极利用、善于运用新媒体，才能拥有话语权和影响力。

@ 鞍钢郭明义这一微博记录模式，不是告诉网友爱是什么，而是通过一件件小事，帮助网友自己感觉、思考，对社会价值作出评判，这更加符合人们的认知规律，让改变一直在悄然进行中发生。

5. 微博集群：爱的矩阵

『互动模式』

郭明义用真实的文字和图片，将自己和爱心团队的行程"晒"在微博上，让微博成为爱心的集结号，全国有近万人通过微博追随他加入了爱心分队。此外，辽宁120名道德模范相继开通了微博，加入到郭明义为群主的"道德模范之家"微群，成为全国首个道德模范微博群体。集群化的运作，打造了四通八达、无缝沟通的爱的矩阵，由郭明义一个人的"单出头"变成了"大合唱"。追随郭明义爱心团队的网友称"你不是孤立的，成千上万的人都团结在你周围！"

『代表案例』

据统计新浪微博名称中含"郭明义"的共488个，包含三种类别：郭明义爱心团队分队微博、分队成员个人微博以及学习郭明义的粉丝的个人微博。其中郭明义爱心团队分队、成员的微博共344个。如 @ 郭明义爱心团队东北大学分队、@ 郭明义爱心团队诚信车队爱心分队、@ 鞍钢灯塔矿郭明义分队、@ 辽科大郭明义班等，分布广泛，且涉及各行各业。爱心团队成员的认证微博如 @ 郭明义爱心团队杭州分队夏晓明、郭明义爱心团队吉祥分队垒哥等，也都活跃于各项爱心活动当中。郭明义微博不但是一个社交工具，同时也是线上传递爱心、线下播撒幸福的平台。

通过微博，已经有越来越多的人行动起来，以郭明义为榜样，把履行公民责任、奉献一片爱心，作为自觉行动，郭明义的爱心团队在一天天地扩大。据统计有 344 个学校、机关、企事业单位成立了郭明义爱心团队分队,遍及全国 30 多个城市。目前,郭明义为群主的"郭明义爱心团队"微群已有 3497 个个人和团体加入,覆盖爱心团队成员 8.6 万。至今,郭明义爱心团队累计捐款 200 多万元,在新疆、重庆、鞍山援建希望小学各 1 所,资助困难学生 2900 多名,无偿献血 130 多万毫升,捐献造血干细胞血液样本 5000 多例,其中 1 人成功完成了捐献。800 多人成为遗体(器官)捐献志愿者。

截至 2012 年 6 月,以郭明义为群主的"道德模范之家"微群成员数过百,形成了一个网络引领道德风尚的"微博集群"。

北京贵友大厦的董敬在得知郭明义感人事件后,开始和郭明义一块儿做好事,成立了郭明义爱心团队贵友分队。在爱心团队成立仪式上,队员们一起捐了 2 万多元钱资助两位白血病患者,还有 9 人签了遗体捐献志愿书。如今他们已成为一支非常活跃的爱心团队。

辽宁抚顺"雷锋团"90 后战士毕万昌也是郭明义的忠实粉丝,训练之余去团里的"雷锋网苑"看郭明义微博,几乎成为他和战友们的必修课,"大家心头一热,决定加入。"2012 年,毕万昌和战友们发起取名为"一家1"的爱心活动,寓意为"加入的都是一家人,每人每天省下 1 元钱捐给孩子"。如今,"一家1"成员已由 9 名骨干发起者扩大到了近百人。

『宝典价值』

微博集群化优势明显,将是未来微博运营大势所趋。目前集群化最突出的、优势明显的是以政府、纪检微博为主的政务微博群。以郭明义个人黏性为核心的爱心团队集群、道德模范集群，也表现出了鲜明的优势：

①救助效率明显。@ 鞍钢郭明义以及郭明义爱心团队、"道德模范之家"的微博超过千万的粉丝，这个强大的微博集群能够迅速集结优质资源，为爱心捐助、公益推广、线下救援提供了便利，更高效地实践雷锋精神。

②"合唱"打造权威性。规模效应是微博集群化的重要法宝。在用户数超过 5 亿、日发微博超 1 亿条的微博平台上，郭明义微博要保持权威性除了发布内容要真实严谨，也对微博革新发声方式和渠道提出要求。"合唱"即加强"道德模范之家"微群或与其他大 V 的互动，成为一种吸引网民关注、打造传播平台权威性的有效方式，将正能量的声音扩散出去。

6. 微博聚焦：爱的思考

『互动模式』

对各类社会热点，尤其是有争议的社会事件，@ 鞍钢郭明义主动聚焦，不惧压力，真实、真诚发表自己的见解，并基于一以贯之的立场从积极、正面的方向做出解读，尽最大可能传递正能量。这些充盈着爱的温柔注视和思考，是郭明义标志性的 style。

『代表案例』

@ 鞍钢郭明义

即使可能会遇到"彭宇"案那样的情况，我也会帮，我想还会有很多人仍然会帮，另外，还需要我们的社会从法律保护、社会保障、道德建设等多方面进行努力，让见义勇为者不再流泪，共同培育适合好人生长的土壤，我相信血总是热的，人心总是暖的，您说呢？

要相信我们的党和政府为人民服务的宗旨，相信反腐倡廉的决心，不要因为出了个别腐败的党员干部，就动摇我们的信念和理想。在我接触到的党员干部中，绝大多数都是在为党和人民在奉献、在奋斗。

雷锋精神永远不会过时，其实质就是我们党全心全意为人民服务的宗旨，就是我们民族助人为乐、无私奉献的传统美德。他的精神已经渗透在每个中国人的血脉里，任何时候都不会过时。

『宝典价值』

爱的理念的传播，主流价值观的塑造，一方面需要感性的召唤；另一方面更需要理性的思考。以理性讲道理，以逻辑说服人，将个人选择升华为集体共识，是更高层次的价值传播。郭明义的微博，在立足于个人示范，致力于感染、带动他人的同时，也努力通过深入的思考来诠释爱心的真义，表达建设性的立场。这样的互动，更为难能可贵。

7. 微博真情：爱的点滴

『互动模式』

在郭明义微博中，有相当一部分内容记录了自己的日常工作生活：所见所闻、所思所感，从齐大山铁矿工作现场，到爱心团队活动，从家庭日常生活，到他对幸福的感悟，都形成文字和图片发布给关注者，关注者再将其转发给更多的人，形成几何级数的传播效应。这真情流露的点点滴滴，源自爱，也归于爱。网民称"伸出你的手臂，汇成爱的森林。郭明义微博给我打开了一扇通往美德和幸福的大门，让我和我的家人、同事一起，感受到了道德的伟大力量。郭明义需要微博，微博也需要郭明义。"

『代表案例』

@ 鞍钢郭明义

顶着高温，正在为大爆破，装填炸药。

忙碌了一天，刚从生产道路现场回来。雨还在下，从今天开始为矿石漏破碎站下移工程开始准备道路。8月15日正式移设之前，要为该设备准备长近3公里道路，宽度为40米。特别是在雨季，要完成这样的工作，还有许多艰难困苦。有时会连续工作，甚至夜间。

回到家里已经是12点多了，家里老伴已雇人将室内粉刷一新。偷偷亲了老伴，奖励她为家里的付出。辛苦了，老伴……

💬 也许年岁大了，对老伴的依赖越来越大。我不会私奔，老伴也不会离开我……

💬 我开始做好事时，也有很多人不理解。想一想还有那么多需要帮助的人，我就不能不管，这让我义无反顾地放弃了杂念，坚持下来。

『宝典价值』

一方面，广大受众对公众人物有天然的好奇感，迫切地渴望了解其真实的生活细节；另一方面，同以往的典型人物一样，郭明义这一道德模范形象在树立过程中也是采用传统媒体所惯有的自上而下的宣传方式。在自媒体高度发达的今天，有相当一部分人对其心存保留。而拨开网友心中疑云的最有效的方法就是走进郭明义的真实生活。

这些源于生活的点滴记录，让人们看到了一个真实的郭明义。他不再是电视中、报道中的道德模范，而是生活在我们身边的普通人。而自然的情感流露，更向网友展示了一位道德模范喜怒哀乐的真实情感世界。这样的生活互动，让大家能更直观地了解他的所作所为，更真切地感受他的内心世界，郭明义的人物形象因而在受众心中更加丰满。微博还原了生活中真实多元的郭明义，而正是这种真实多元，让很多网民从有疑问到逐渐相信，到有感触，到受感动，到自觉自发地学习，并最终付诸实践。

8. 微博释疑：爱的坚守

『互动模式』

对于郭明义来说，微博不仅是各种爱心活动的发布平台，也是个人的释疑窗口。最初，一部分网友对郭明义微博的语言并不习惯，甚至有嘲笑的声音，尤其是在抒发爱国情感、对社会热点案件提出期许的时候。@鞍钢郭明义一方面坚定地保持了自己的风格，另一方面努力地用网友熟悉的方式来交流、释疑，赢得理解。在网络里，对于他所做的公益、救助等都不乏追问的声音，他都一一予以回复，答疑解惑。

『代表案例』

@鞍钢郭明义

这6万多毫升的献血是这样形成的：一年献两次，一次200毫升，也献过400毫升。除此而外，我还经常献血小板，就是成分血，血小板献血的时间是一个多月可以献一次，一个单位的血小板相当于800毫升全血，这是卫生部计算献血的标准。——被质疑献血量时的回应

我还在矿山当采场公路管理员，还是每天早晨4:30起床，提前两小时上班，还是住在老房子里。我坚持献爱心没有变，也永远不会变，唯一变化是一年来越来越多的人加入到爱心团队，而且很多人是通过微博联络的，因为有了大家的支持，我们的爱心事业比以前做得更好了，做好事更成了

我的一份责任。——被质疑身份发生变化时的回应

有记者问我，为什么大家愿意相信我，能有上万人的爱心团队？我说我一没有神力，二没给大伙发饷，赢得支持是因为他们感受到了我用诚心对待每一个人，真心为大家出力办事。大家在观察，然后才认可我。我不在意有人说我在作秀，如果奉献和付出是作秀，如果作秀能使他人快乐和幸福，我情愿作秀一辈子。——被质疑作秀时的回应

有人说我图的都是虚名，对此相信了解我的人都会不认可。身边的同事、工友都知道我30多年一直都在这么做，就连当初笑我是傻子的人现也和我一起为公益事业做贡献。有没有所谓的'名'我都会坚持下去。如果这个'名'能让更多的人加入到爱心团队中来，能让更多有困难的人得到帮助，我愿意要这个名。——被质疑动机时的回应

『宝典价值』

微博，最有价值的功能之一，就是即时的互动性。互动说来简单做来难，因为网友的反馈不都是理解、支持与褒扬，有时也会有质疑、嘲笑和不解。正因为此，很多人对微博评论或设置限定，或对负面的声音选择删帖，抑或一味回避，视而不见。

郭明义的微博在面对这些问题时，选择的是率真面对。对于网友的审视和追问，郭明义既不回避，也不闪烁其词，而是诚恳地做出解释。这一释疑模式直接成了郭明义微博的加分项。郭明义微

博释疑的成功秘诀，最基础的一点就是真实，没有夸张与伪饰，方才有坦荡面对的勇气。只有真实，才能禁得起网民的质疑，也只有真实，才能让人感觉可亲可近。

四、舆论反馈：新闻媒体眼中的郭明义微博

1. 媒体及研究人员眼中的郭明义微博

对郭明义微博的成功，媒体及研究人员提出了自己的看法：

虽然网络世界是虚拟的，但郭明义落在笔端的每一段文字、宣泄在微博里的每一份情感，都是真实的。因而，让人感觉到这不是一尊高高在上的神，而是一个可亲可敬、有血有肉的人。

——东北新闻网采访部总监游凯

近年来兴起的微博正在改变人们获取信息与相互沟通的方式，也正在成为中国互联网上最活跃的信息源和最重要的舆论阵地，可以说，微博是宣传郭明义弘扬雷锋精神的最好平台。但是，网络也是一把"双刃剑"，它既有信息简捷、传播疾速、载体灵活的优点，也有鱼龙混珠，真假难辨，庸俗信息流行的弊端。越是鱼目混珠，越需要有人出来正本清源；越是低俗流行，越需要高雅的东西

来引领。

——东北新闻网台长付海鹰

作为新兴媒体，不应只有名人、明星受到关注，像郭明义这样的好人、模范，更需要借助扩大影响力。在社会出现道德滑坡的当下，郭明义无私奉献、乐于助人的优秀品格显得尤为珍贵，这也是很多人赞赏、喜欢、追随他的原因。郭明义将他的所思所想、所作所为通过传递给粉丝，在满足民众对公众人物好奇心的同时，在潜移默化中打消一些人的消极和质疑，身体力行地影响和带动着粉丝。郭明义的成功，说明先进人物离我们并不遥远，就在我们身边。希望郭明义能坚守他的信念和理想，通过平台，汇聚更多微友向善的力量。

——辽宁大学新闻传播学教授文言

微博虽然是一个网络虚拟世界，但微友们都具有和现实生活中同样的道德追求，我们这个时代需要好人，更需要有一种健康向上的力量。郭明义微博恰好让我们看到了这样的好人，郭明义微博的几百万粉丝也让我们真切地感到了这样的力量。希望在我们的社会中这样的好人越来越多，希望看到微博中凝聚起更为强大的健康向上的力量。

——新浪网副总编周晓鹏

道德楷模本应是网络红人。因为他一在网上出现，便因其担当，站在了网络的道德高地上，引领着新的时代风尚。郭明义微博的火爆，说明社会发展需要道德的力量，网络发展也需要道德的力量作支撑。

——中宣部《党建》杂志传播学博士翁淮南

郭明义的微博，在浩如烟海的网络信息中脱颖而出，是一种耐人寻味、令人欣喜的文化现象。它说明，郭明义的高尚品德、感人事迹和人格魅力，所焕发出的人性光辉，具有强大的感召力和影响力。他的人性光辉，足以让人们怀着感动、敬意和好奇，通过微博"近距离"接触郭明义、了解郭明义、亲近郭明义。

——人民日报评论部记者廖小言

网络虽然是一个虚拟社会，但虚拟社会也需要道德的引领，也需要道德的力量作支撑。郭明义面对网友质疑，与公众真诚的交流，更显出一个优秀共产党员的谦逊与真诚。只有真实，才能禁得起网民的质疑；只有真实，才能把高尚的精神传递；只有真实，才能让人觉得可亲可近。

——东北新闻网主题部副总监曲晟

在这个社会转型、价值多元的时代，发现普通百姓身边的雷锋，捕捉平凡人身上的闪光点，更容易引起人们心灵上的共鸣，从而发挥典型的引领作用。郭明义开微博，我们可以这样理解，他散发自己的热量，用自己的温度去温暖人、感染人，这也是郭明义奉献的重要组成部分。

——抚顺市委常委、宣传部部长刘国强

此前网络上比较火的微博博主一般都是影视歌星、体育明星。郭明义微博受网友"力挺",表明社会发展需要道德的力量。汇聚万人心声的微博是爱心涌动的窗口,崇尚正面精神始终是人心的呼唤。

——辽宁省社科院研究员张思宁

要培养一批"权威"的微博意见领袖来引导微博舆论,引领和深化社会主义核心价值观的传播。"意见领袖"的概念最早在 20 世纪 40 年代由拉扎斯·菲尔德提出,一般指在群体中学识渊博、有着较高威望的人。他们掌握着信息发布的主动权,并且他们对新闻事件的见解可以影响到许多人的看法。社会主义核心价值观要想通过微博进入普通民众的心灵和思想世界,借助"意见领袖"是行之有效的方式。全国劳模代表郭明义于 2011 年年初开通微博,现已拥有"粉丝"860 万人,影响网民 8000 万人。他的微博已经成为传播真善美的平台,成为传播社会主义核心价值观的网上热力源。

——中南大学教授邹理

2. 新闻媒体眼中的郭明义微博

媒体对郭明义微博的报道主要集中在解读郭明义救助的典型事件,分析郭明义微博如何聚合正能量,思考微博的号召效应,关注微博中的郭明义精神以及分析微博粉丝情况等几个方面。如以下

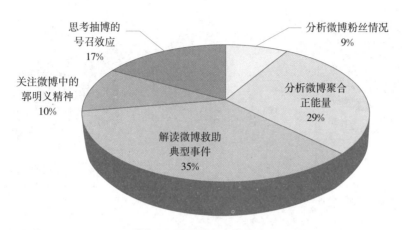

思考抽博的
号召效应
17%

分析微博粉丝情况
9%

关注微博中的
郭明义精神
10%

分析微博聚合
正能量
29%

解读微博救助
典型事件
35%

媒体对 @ 鞍钢郭明义的报道倾向分析

几则报道：

人民日报《郭明义的微博为何这么火》：有一种观点认为，在互联网上，主流价值的表达容易被多元化的舆论消解，正面的声音经常被众多杂音、噪音淹没。但实际上，只要是过得硬的人物和事迹、只要是符合人民群众心愿的精神，无论在哪里，总会受到欢迎，同样会成为热点和时尚。像郭明义这样的先进人物和道德楷模，同样能够成为网上焦点，成为社会热点话题，成为人们推崇的"明星"。这种明星效应，对人们的思想境界和社会风气会产生难以估量的影响。一方小小的微博，汇聚千万人的心声，郭明义的微博，成了人们守望高尚的精神追求、可贵的道德操守和共产党员本色的一个窗口，成了交流真善美的一个平台，成了传播主流价值的一个网上热力源。

光明日报《"郭明义微博"背后的故事》：每个人的心中都有一颗善良的火种，郭明义用自己的爱心，把每一颗种子都点燃了。曾

光明日报关于郭明义微博的报道

几何时，一些诸如"小悦悦"等小概率事件充斥了网络，导致一叶障目，让一部分人感觉整个社会的道德在滑坡。郭明义微博的异常火爆告诉我们，中国人人心向善、人心向上的主流道德观并没有变。

光明日报《用新媒体聚合向善的力量》：在当今的微博世界里，每个人都可以平等地发布信息、表达观点。应当看到，有一部分人在享受权利的同时却淡薄了责任，以至于充当了虚假、庸俗、错误信息的传播者。而郭明义的微博，拓宽了传播主流价值的热门渠道，成为人们交流、传播真善美的一个平台。郭明义的高尚品德和人格魅力，具有强大的感召力和影响力，他的人性光辉，足以让人

2011 年 6 月 14 日下午，郭明义和网友们进行微访谈

们怀着感动、敬意和好奇，通过微博"近距离"接触、了解、学习模范人物。这充分说明，网络发展、新媒体发展，特别需要道德的力量作支撑。应用新媒体传播手段，丰富了先进典型宣传渠道，也更加符合人们的认知规律。积极地、恰当地运用现时代的表达方式和传播手段，社会主义核心价值体系的传播，就会拥有更大的话语影响力和道德感召力。

解放军报《郭明义微博粉丝突破百万道德楷模点燃网络激情》： 一方小小的微博，汇聚千万人的心声，郭明义的微博，如今成了爱心涌动的窗口，成了交流真善美的平台，成了传播主流价值观的一个网上热力源。

辽宁日报《让精神传播不留死角》：郭明义的爱心价值在于他所引发的社会群体效应。原来是身边的人，现在是全国的人；原来是事迹传播，现在是"生活思想直播"。精神传播，力量无可估量。当一个郭明义变成千万个郭明义，中华大地就会洒下更多的阳光，就会让更多的人分享到什么是幸福。

江西日报《微博，要让爱心飞扬》：如果把每个人心中的爱与善比作火种，那么，郭明义无疑就是一根点亮火种的火柴。郭明义的"爱心微博"，更像是爱与善的翅膀，穿透人们心灵世俗的壁障，抵达人们最柔软的内心深处，激起强烈的情感共鸣，从而演奏出雄浑的爱与善交响曲。

求是理论网《用爱与善放大"微博能量"》：郭明义无疑是一个情感"燃点"，他用自己的爱心，把每一颗种子都点燃了。而微博，就是这爱与善的翅膀。它迅速飞越世人的心田，将看似无力和孤立的行动快速聚集起来，孤掌变成了共鸣，小众扩张为大众，微博平台上活跃的千千万万个陌生人组成了声音嘹亮的行动集团。这样所产生的"微博能量"，能助力爱与善达到平常难以企及的境界与高度。

人民网《郭明义微博：真实彰显力量》：真实是一种公信力，要想赢得认可，首先确定发出消息的主体是真实可靠的；真实是一种责任力，谨言慎行，唤起责任意识，才能恪守责任；真实是一种威慑力，实名是第一道也是最安全的一道保护墙。郭明义微博能聚集人气，一呼百应，赢得网民认可，就在于人们知道郭明义是一个真实的人，是一个"好人"，他说的话我们认可，他的行为我们支持。

新华网《"郭明义微博"的能量从哪里来?》："郭明义微博"告诉我们，人心向善的主流道德观并没有变，现实世界爱与善的力量真实存在。其实，每个人心中都有爱与善的火种，只要有一个情感"燃点"，就能激起大家向善的实际行动。社会生活某个角落发生的爱行善举，一旦以其最真的一面打动了人们，就会激起强烈的情感共鸣。

新华网《利用新媒体使劳模精神走入人心》：社会是由人组成的，人的社会属性要求每个人不仅要关注自我，更要关注社会。关注社会的一个很重要的方面就是要对社会上发生的各种事情进行善恶评价、道德评价。以郭明义为代表的劳模微博群所引发的社会关注是广泛的，开微博的劳模各自都拥有不小的知名度，其产生的社会影响是不容小视的。在各种负面新闻报道、不实言论充斥网络的今天，劳模微博群的出现，给网络注入了强有力的正向力量，他们的真实事迹更容易让人感动，他们的信念更容易振奋人心。粉丝们通过关注劳模的微博，产生了自己对道德的判断、对真善美的认知、对爱心的认可，他们的评价也会对社会舆论起较好的导向作用，并影响他们的社会活动，影响他们的行为准则，进而对整个社会的道德风气起到良好的规范和提升。

光明网时评《郭明义的千万粉丝"粉"的是什么?》：郭明义的

微博迅速蹿红再次证明了爱心的力量和奉献的磁力，正是源自于对爱心的热情和崇尚，对美好事物的期盼和憧憬，对"赠人玫瑰，手留余香"的高度认同和一致向往，才让人们对老郭的微博如此"情有独钟"，创造了一年多1000万的粉丝量，也正是因为老郭开通了微博，借助微博这个时尚传播工具，让他的爱心在互联网上建起了"高速路"，编织了一张更加宽广的"爱心之网"，5000多人报名加入郭明义爱心团队，1000多位遇到困难的人得到了网友的救助，一个个真实感人的爱心救助故事在向人们昭示：微博虽小，力量不弱。微博之中藏大爱，网络深处有真情，只要人人都献出一点爱，幸福和快乐就会从微博之上走进生活之中。

东北新闻网《郭明义微博的三重思考》：首先，网络虽然是一个虚拟社会，但网络也呼唤道德的引领，也需要道德的力量作支撑。郭明义微博的精神底蕴凝结了千万人的心声，契合了社会的精神追求。其次，从社会意义上看，郭明义微博弘扬了志愿精神，提高群众的公民意识，顺应了社会文明和谐的发展趋势。第三，从主流价值观传播的角度来考虑，应用新媒体传播手段的郭明义微博，丰富了先进典型宣传渠道，更加符合人们的认知规律。

长江网《郭明义爱心激情在"微博"里绽放》：郭明义通过微博，向微友们甚至全社会注入阳光、温暖、力量和快乐。许多网友正如郭明义所说的那样，借助这个更广阔的平台，帮助更多有困难的人，带动更多愿意帮助别人的人，同时把自己的快乐和幸福传递给更多的人。只要虚拟的"我们"存在着实对经济社会科学发展"给力"，为民族大业和时代精神增光添彩，文明古国里的所有感染者和受教育者就会倍加珍惜这一切。这难道不恰恰是对于网络虚拟与网络文明之间实现微妙平衡的一种美好诠释吗？不正是人们期待的所要达到的效果吗？

东北新闻网《微言传大义》：微博，本是一个信息传递的平台，而他的微博却是一面爱的旗帜，一张靓丽的企业"名片"，在这个新媒体上，他从来不是一个人在行动，而是用自己的爱心点燃了一颗颗埋藏在人们心中善的火种，凝聚起强大的精神力量，演绎出一段段地域有边而大爱无疆的故事……崇尚模范就是崇尚高尚。郭明义为这个时代树立了一个道德范本，借助微博，"明义精神"得以在更广阔的空间传播，这一精神所汇聚的力量得以在更广泛的人群中传递，影响了更多人、带动了更多人。

中国军网《郭明义微博的"浩然气"与"寸草心"》：网络从来不是什么"世外桃源"，微博也不例外。各种思想相互激荡，各种文化交汇碰撞，各种观点良莠并存，有时让人真假难辨、莫衷一是。先进典型的事迹一经微博传播，其影响力便会被无限放大。同样，"思想的田野如果不用真理去占领，就会杂草丛生"。郭明义微博的"走红"再一次告诉我们，积极占领信息网络特别是微博这样的宣传阵地，对于大力弘扬各种先进典型、唱响文化主旋律，具有特别宝贵的价值、特别重要的意义。

中国网事《郭明义微博和他的 440 万粉丝用爱浇灌家园》：开

通微博一年来,"当代雷锋"郭明义和他的百万粉丝筑起了一座精神家园。郭明义时时上网公开自己的言行举动、与公众交流,对每个困难求助都事事有落实、件件有回音,续写了爱心传奇。他"透明"的真诚,让道德典型成为公众身边的真实人物,点燃了人们的奉献激情。郭明义和他的追随者共同掀起一股爱心洪流,构建起一方传播爱的平台。

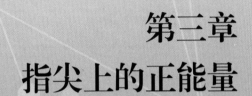

第三章
指尖上的正能量

一、激荡正能量：主旋律永不过时

以互联网为代表的新媒体的出现，使社会舆论格局发生了巨大变革。垄断、强制、单向传播，在大众麦克风时代已难有用武之地。主流媒体，以及与之紧密依托的主旋律宣传均面临巨大挑战。党政机关和主流媒体必须学会直面互联网所带来的改变，必须适应互联网舆论生态治理的发展思路，必须积极出招寻求改变，与时间赛跑，与自己竞争。喧嚣多元的舆论场上，社会主流价值观永远不能远离，主旋律宣传也须与时俱进。这一切，正是郭明义微博所面临的时代背景。

1. 社会舆论格局大变革

中国互联网络信息中心（CNNIC）发布的第 33 次《中国互联网络发展状况统计报告》显示，截至 2013 年 12 月，中国网民规模达 6.18 亿，互联网普及率为 45.8%。其中，手机网民规模达 5 亿，继续保持稳定增长。手机网民规模的持续增长促进了手机端各类应用的发展，成为 2013 年中国互联网发展的一大亮点。

这是关于中国互联网发展状况的最新权威数据。近些年来，随着以互联网为代表的新媒体的兴起和高速发展，我国的整个媒介生态环境发生了天翻地覆的变化，社会舆论生成演变机制和传播格

中国网民规模和互联网普及率

数据来源：CNNZC 中国互联网发展状况统计调查。

局不断被重塑。

　　短短的十多年间，新媒体覆盖率迅速由低到高，影响力以几何量级的速度提升。传统媒体对信息和舆论单一的垄断和控制格局彻底被打破，对于今天的许多人来说，特别是对年轻群体来说，互联网已经成为主要的信息来源。而传统的报刊、电视、广播等大众媒介，则受到严重挑战与冲击，不少传统媒体的受众数、覆盖率呈骤降之势。与此同时，由于互联网技术优势所带来的低门槛、即时性和交互性等特点，使得以往传播格局中泾渭分明的传者与受者的身份界限被消解，传播内容的生产不再局限于专业的媒体机构和人员，公众个体也成为独立的信息生产者和发布者，每个人都有机会让别人听到自己的声音，所谓"大众麦克风时代"来临。

　　中国传媒大学媒介评议与舆论引导研究中心主任唐远清曾指出，"在大众麦克风时代，网络舆论场风云激荡，围绕热点话题和热点事件，各类意见汇集后很容易形成强大的舆论压力，影响现实社会。"在"大众麦克风时代"，尽管传统的新闻媒体仍保有一定的内容生产方面的优势，但整个社会的信息流动和舆论生成机制已发生颠覆性变化。在过去，党政机关及主流媒体掌握了绝大部分议题设置权，公众处于被动接受和跟进的位置。而今天，公众通过微博、论坛等网络平台拥有了越来越多的话语权，进而掌握了一定的议题设置权，一种全新的舆论景观频频出现：公众通过网络发表意见，围绕特定话题或事件形成舆论焦点，主流媒体随后跟进介入报道，相关政府机构随之做出相应反应。这一过程，被总结为"舆论的倒逼机制"。

早在 2009 年，人民网舆情监测室分析了当年 77 件影响力较大的社会热点事件，发现由网络爆料而引发公众关注的有 23 件，约占全部事件的 30%，互联网已经成为新闻舆论的独立源头之一。这一结论被写进中国社科院《社会蓝皮书》中的《2009 年中国互联网舆情分析报告》，引发广泛关注。

2011 年，中国传媒大学网络舆情（口碑）研究所发布的《2011上半年中国网络舆情指数年度报告》指出，通过对千余起网络热点事件的舆情源头、地域分布、领域分布规律的分析可以看出，微博已超过论坛，由 2010 年的第三大舆情源头上升为第二大舆情源头，仅次于新闻媒体报道。

通过互联网，公众的知情权、参与权、表达权和监督权得以更好地实现，网络舆情的影响力不断积聚，人们介入各类热点事件的速度更快，参与公共事务的热情更高，影响公共决策的能力更强，也促进了各项公共管理事务的不断完善。如上海钓鱼执法事件，带来对"钓鱼执法"的明文禁止；"开胸验肺"事件推动了卫生部新版尘肺病诊断标准的发布与实施，等等。上海交大传媒经济与管理研究中心主任谢耘耕教授分析指出，热衷表达是公民意识觉醒的标志，日益活跃的民意表达不仅提高了公民政治参与的能力，而且对于完善政府公共管理、促进民主政治进步具有积极意义。谢耘耕认为，"公众的民意表达越活跃，将对公民社会发育起到'催熟剂'的作用。"

这些现象的出现，显示一种全新的社会舆论格局已经形成。2008年6月20日，胡锦涛总书记在人民日报社创刊60周年考察工作时指出，要正视舆论"新格局"，互联网已成为思想文化信息的集散地和社会舆论的放大器，要充分认识以互联网为代表的新兴媒体的社会影响力，高度重视互联网的建设、运用、管理，努力使互联网成为传播社会主义先进文化的前沿阵地、提供公共文化服务的有效平台、促进人们精神生活健康发展的广阔空间。在人民网，胡锦涛还通过视频直播同"强国论坛"网友在线交流二十多分钟。党和国家最高领导人与网民在线对话，在中国还是第一次。

各级党政领导对新媒体发展趋势的敏锐把握，也推动了网络问政的蓬勃发展。几年间，各类以政府网站、互动论坛、政务微博、微信为代表的网络问政平台迅速兴起。2013年10月15日，国务院办公厅发布《关于进一步加强政府信息公开回应社会关切提升政府公信力的意见》，规定与宏观经济和民生关系密切以及社会关注事项较多的政府部门原则上每季度至少举办一次新闻发布会，主动做好重要政策法规解读，妥善回应公众质疑，并积极探索利用政务微博、微信等新媒体。2013年也因此成为国内政务微博微信

"井喷式"发展的一年。截至 2013 年年底，仅新浪认证的政务微博总数就已超过 10 万个，较 2012 年同期增加了 4 万余个。

2013 年 10 月 11 日，中国政府网同时开通了微博、微信，实时报道了总理出访、会见外宾、国内考察等重要政务活动，及时发布国务院重要会议、重大决策部署等权威信息。3 个多月的时间，中国政府网微博微信关注粉丝已超过 1000 万，外界普遍评价，这一平台拉近了老百姓和中南海的距离。

2013 年 9 月 2 日上午，中央纪委监察部网站正式开通，标志着网络反腐"正规军"正式走向台前。该网站设有导航栏、头条要闻、专题专栏、廉政教育、法律法规、网上举报、工作动态、互动交流、廉政论坛等 10 个版块 36 个栏目。据中央纪委监察部网站有关负责人介绍，9 月 2 日至 10 月 2 日，一个月的时间里，中纪委网站网络举报量达 2.48 万多件，平均每天超过 800 件。截至 10 月 2 日，该网站网友互动板块已有注册用户 4217 个，发布留言 3500 多条。中纪委受理举报的便民举措、快速反应、公开态度使网络反腐步入加速通道。

2013 年 8 月，全国宣传思想工作会议提出：要把网上舆论工作作为宣传思想工作的重中之重来抓。2013 年 11 月，十八届三中全会通过的《中共中央关于全面深化改革若干重大问题的决定》指出，要健全坚持正确舆论导向的体制机制。健全基础管理、内容管理、行业管理以及网络违法犯罪防范和打击等工作联动机制，健全网络突发事件处置机制，形成正面引导和依法管理相结合的网络舆论工作格局。整合新闻媒体资源，推动传统媒体和新兴媒体融合发展。推动新闻发布制度化。严格新闻工作者职业资格制度，重视新型媒介运用和管理，规范传播秩序。十八届三中全会的决定为社会舆论新格局下，下一阶段网络舆论引导工作的开展提出了要求，指明了方向。

2. 互联网舆论生态治理

互联网的迅猛发展和泥沙俱下，使得互联网安全与管理成为一个迫切的课题。

2013 年，一场指向网络谣言的专项行动在全国范围内展开。全国公安机关开展集中打击网络造谣传谣专项行动，"两高"出台了《关于办理利用信息网络实施诽谤等刑事案件适用法律若干问题的解释》。音乐人吴虹飞因发布"炸建委"的微博被罚行政拘留 10 日，造谣传谣的网络推手"秦火火""立二拆四"被绳之以法；粉丝数量达到 1200 万人的网络大 V 薛蛮子因嫖娼获罪；因在"躲猫猫"事件中表现活跃而进入人们视野的网络名人"边民"因涉嫌虚报注册资本、非法经营和寻衅滋事数罪被捕……一系列行动，被解读为官方"亮剑"治理网络痼疾。

与此同时，2013 年 8 月，国家互联网信息办公室主任鲁炜在"网络名人社会责任论坛"上，与纪连海、廖玒、陈里、潘石屹等十多位网络名人举行座谈交流，提出了"六点希望"和"七条底线"。六点希望即：希望网络名人应自觉维护国家利益，自觉传播社会主义先进文化，弘扬中华民族美德，带头遵守法律和道德规范，积极倡导社会诚信，带头维护公民个人合法权益。同时，提出网络名人应坚守"七条底线"：1.法律法规底线：有法可依、有法必依、执法必严、违法必究，任何时候，无论是网上网下，都将始终做到违法必究；2. 社会主义制度底线，为我们全面建成小康社会提供了有力的制度保障，积极拥护社会主义及社会主义制度；3. 国家利益底线，作为国家公民，时刻维护伟大祖国的利益，这也是宪法赋予每位公民的光荣义务；4. 公民合法权益底线，在网络反腐的同时，切忌以"艳照"等不健康、不正当甚至违法手段对别人进行攻击，否则不仅触犯法律，也侵犯了无辜者的合法权益；5. 社会公共秩序底线，网络世界也要遵循一定的秩序规则，唯有如此大家才能营造一个良好健康的网络环境；6. 道德风尚底线，崇尚美德是在我国延续几千年的优秀传统，网络空间里也要讲道德，不做有违道德之事；7. 信息真实性底线，要求我们在上网时一定要实事求是，而不能以讹传讹、散发谣传，积极宣传政府部门发布的真实信息。

媒体和网民，尤其是网络大 V 对这"七条底线"反响强烈，舆情热度持续升温。《人民日报》评论指出，网络名人不仅要自己守住底线，更有责任引导普通网民塑造议事的公共理性，释放和转化社会的正能量。不少网民也呼吁对于网络这个官民沟通交流的对话平台，官民双方都应倍加珍惜。

2013 年 10 月，人民网舆情监测室秘书长祝华新在第十三届中国网络媒体论坛发言中指出，近年来我国互联网管理者做到了"对互联网，既能善管也能善用，有破也有立。既用'两高'司法解释对网络谣言等违法言行勇于亮剑，也注意探索互联网生态治理的长效机制。""互联网雾霾渐散，清朗的天空初现"。

网络生态治理也是人民网舆情监测室多年来倡导的互联网管理思路。早在 2011 年，人民网发表"善待网民和网络舆论"系列网评，指出"互联网就是这样奇特的社区，看似一片混沌的信息，看似乱箭伤人的情感表达，却也遵循着'生态系统'的逻辑，在各种观点的交相呈现和反复激荡中，逐步形成多元互补的格局。互联网绝非'谣言共和国'或者'愤青大本营'，但也不是'理想国'，网上随时可能喷薄而出的舆论能量，如果任其疯长和蔓延，对社会也可能是一种破坏性力量"。

对于这样一个网络生态系统的维护和治理，需要多方面的思路。首先，应充分认识网络自身的制衡和对冲作用。以 2013 年曾引发高度争议的网络热点事件——夏健强画作之争为例。夏健强乃因刺死城管被判处死刑的沈阳小商贩夏俊峰之子，其出版的画册被发现抄袭几米，进而引发侵权争议，在网络上引发关注。这场激烈的讨论主要通过微博展开，几乎每一方都没有缺席。当事人夏健强的母亲以"沈阳张晶"ID 连发三条微博解释与致歉，直接将整个事件热度推上峰顶。直接相关方几米品牌机构通过官方微博表明立场。而参与微博讨论的，有普通网友，有长期对各种热点发表观点的杂家，有媒体人、文艺明星、企业家，也有各种专业人士：专业从事绘画的、专业从事艺术品出版的乃至法律专业人士。于是，围绕这一话题，普通人的情感与专业人士的见识通过微博一一呈现，感性的表达与理性的评判，交相辉映。新浪微博认证为"凤凰《冷暖人生》导演"的季业表示，他就此事专门请教了一位"喜欢艺术品收藏的法律界专业人士"，并将对话通过长微博发出。这位专业人士将文学上的抄袭与绘画中的临摹做了区分，并进而对是否侵权及各方责任做出解读，短短几个问答可谓拨云见雾。而拥有近 36万微博粉丝的网络杂家"北京厨子"，则坚持表示，无论别人如何说，他本人对于"一个孩子换个画法再画一遍，再被出版而不标原作者"这事儿觉得"挺恶心"。法律总有一定之规，道德评判各由心生。

作为非专业人士凭自身有限经验做出的判断，往往可能差之毫厘，谬以千里；同样，即便同为专业人士，出于不同的视角与逻辑，也可能给出不尽相同的判断。偏见，往往源于无知。对一件事的细节了解得越多，反而可能没那么容易得出结论。夏健强画作事件，只看一篇新闻报道也许很容易给出判断，但观摩了关于此事的诸多微博讨论之后，网友给出的答案可能更谨慎。网络平台提供了一个意见的自由市场，各种观点在这里交织、碰撞，有的越战越勇，有的无疾而亡。允许不同声音的充分表达和自由讨论，在这个过程中，真与假，正与负，左与右，感性与理性，等等，实现了自身的制衡与对冲，从而有利于网络舆论的生态平和。

从这一角度来说，一个运转良好的网络生态系统，对于建设一个良性的公共讨论空间，具有无法取代的重要意义。只有允许不同声音彼此竞争，才能让网络的自我净化机制效能最大化。同时，网民的自我管理、网络的自我净化功能发挥得好，也有助于克服公权的缺位和越位。

其次，对于网络生态系统的建设，各方要有包容的思维。转型期的中国，各类社会矛盾盘根错节，各种利益群体、利益诉求纷繁复杂，一定程度上网络是还原社会真实的意见构成。网络讨论参与者中有理性中道的建设者，也不乏偏激义愤的批判者。成熟的社会和网络管理者，要能够宽容理解各类声音与立场，不能追求一个声音，遇到问题的第一反应不应是删帖与禁言，因为单一的管控手段不仅效果有限，而且容易激起网民的抵触心理。引导网络舆论，靠垄断不行，靠威权强制也不行，必须适应网络的特点，靠竞争胜出。在此基础上，寻求网络舆论最大公约数，团结一切可以团结的力量。不同价值观与立场的网友之间，左与右，保守与激进，尽量理性对话，就事论事，避免一味站队，甚至"约架"。

再次，良性的网络生态的建设离不开各方的自律。在"人人都有麦克风"的时代，无论是网络运营方还是法人账号，无论是大V还是普通网友，每一方都需要责任和担当，理性表达方能还民意以真实。特别是在参与社会事务的讨论和意见表达时，应多些客观独立思考和建设性意见，少些盲目跟风与以讹传讹。

此外，无规则不成方圆，互联网也需要有相应的规则，相关部门还应完善针对网络虚拟世界的法律法规，严厉打击恶意诽谤或者"炮制民意"的网络不端行为，净化网络环境。

最后，面对虚拟的网络还需要时时观照现实。从根本上讲，新闻的发生第一位，新闻的报道第二位；解决问题第一位，舆论引导第二位。网络意见是现实生活的反映，热点舆情首先是政府部门的治理危机，然后才是舆论危机。单靠网络引导解决不了根本问题，本质上起到支撑作用的是现实治理的不断完善。要实现这一点，需在民意表达的制度化、开放性、多渠道上下工夫。重视民意表达，积极搭建网络问政、网络问计和各类民意调查的平台，收集社情民意，推动现实工作。

对于互联网的治理，人民日报曾发表评论指出，互联网是我们面临的"最大变量"，处置不好是"心头之患"，处置得当就是党和政府"公共治理"和基层民主的新平台。在新的十年开端，互联网的发展和管理之间如何取得平衡，政府在善管互联网与善用互联网之间斟酌损益，未来还有很大的想象空间。

3. 主旋律的新挑战

2013 年 12 月 24 日，创刊于 1999 年的上海《新闻晚报》在头版刊出了《休刊公告》，宣布该报将于 2014 年 1 月 1 日停止出版。这是上海新报业集团组建后的第一个大动作，而《新闻晚报》也因此成为报业整合中的第一个"牺牲者"。消息传出，引发业界震动，被解读为"中国报业大变局来临的一个先兆，预示着都市报黄金时代的终结。"

近年来，随着自媒体的兴盛，传统主流媒体受众群体和市场份额逐渐缩小。特别是一些调查显示，主流媒体在年轻群体中的覆盖率低，在高学历群体中的公信力低。随着社会舆论格局的改变，主流媒体的主导地位正受到严峻挑战，传播力和公信力受到冲击，一些主流媒体甚至已经或正在被边缘化。由此导致主流媒体话语权面临旁落风险，与之紧密依存的社会主义核心价值观和主旋律宣传面临较为严峻的形势。

业内围绕这一问题的关注和论述，有一个广为应用的概念——两个舆论场理论。两个舆论场概念最早由新华社原总编辑南振中提出，指在当下中国，客观存在两个舆论场：一个是党报、国家电视台、国家通讯社等"主流媒体舆论场"，忠实地宣传党和政府的方针政策，传播社会主义核心价值观；一个是依托于口口相传特别是互联网的"民间舆论场"，人们在微博客、BBS、QQ、博客上议论时事，针砭社会，品评政府的公共管理。两个舆论场重叠的部分越大，舆论引导的针对性和有效性越强；两个舆论场重叠的部分越小，舆论引导的针对性和有效性就越弱。如果两个舆论场根本不能重叠，主流媒体就有丧失舆论影响力的危险。

很多研究者认为，当前主流媒体舆论场和民间舆论场的确常常面临不重合或重合很少的问题。在诸多社会热点问题上，网络舆论"见微知著""穷追猛打"，成功引领社会热点议题，也不时流于偏激和暴戾；而官方媒体则普遍对群众焦虑的问题关注不够，屡屡"选择性失明"、失语，趋于自我边缘化。正面宣传长期流于"自说自话"，触及公众切肤之痛的问题较少，甚至"自娱自乐"，与公众的实际感觉相去甚远，甚至相左。著名新闻传播学者童兵就此问题曾指出：主流媒体"有时片面地以宣传价值代替新闻价值，有时以新闻人物的地位和影响力误判新闻价值。这种情况下，发表的新闻也不会引起受众兴趣。久而久之，媒介和官方舆论场的公信力自然打了折扣。"

主流媒体舆论引导的低效甚至失效导致了诸多问题。据人民网舆情监测室统计，近5年来，茁壮发展的互联网一方面成为社情民意的"晴雨表"，另一方面也在很多事件中出现"审丑"现象，加深了社会分歧。如官员（公务员）、警察、城管、医生和教师（专家）等刻板标签；官民关系、警民关系、城乡关系、劳资关系、贫富关系、医患关系成为六大"紧张"关系。另外，网上流行的还有蜗居族、蚁族、悲催族、月光族、啃老族、拼爹族、恐归族、北漂族、房奴、车奴、孩奴、二奶族等"新少数民族"，中国网民言论"娱乐化悲情"的倾向也经常显现。中国社会科学院2011年5月发布的首部《社会心态蓝皮书》认为，"群体性怨恨"成为中国最明显的社会心态，提醒要警惕"群体性怨恨"扩大为整个社会的情绪。

复旦大学新闻学院教授李良荣指出，在矛盾迭出的社会转型期，主流舆论理当在疏导公众情绪上起带头作用，应尽量寻找主流舆论和民间舆论的重叠地带，积极传播党的观点和主张，先凝聚共识，再扩大共识。主流舆论倘能不断与时俱进，就能够成为社会和谐的稳定器和减压阀，这也是社会管理创新的可贵尝试。

寻找主流舆论和民间舆论的重叠地带，打通两个舆论场，需要主流媒体直面社会问题，对突发事件不妄语，对矛盾敏感点不回避、不失语，保障人民"四权"（知情权、参与权、表达权和监督权）的实现。推动政务公开，特别是突发事件的信息透明，准确把握民意脉搏，准确解读社会矛盾，不与主流民意对抗。

寻找主流舆论和民间舆论的重叠地带，打通两个舆论场，需要主流媒体正视互联网的发展与价值，对互联网发展趋势保持敏锐的触觉，与互联网建立起沟通的桥梁。媒体人应摒弃偏见，主动追踪互联网舆情，与舆论"把关人"沟通，以高度的敏感性响应焦点议题，主动设置议题。同时对庞杂的网络信息去伪存真，对网络舆论扶正抑偏。

寻找主流舆论和民间舆论的重叠地带，打通两个舆论场，需要官方媒体本着中央"三贴近"（贴近实际、贴近生活、贴近群众）的要求，改变思维与话语方式，与网民坦诚交流。改变令人反感的套话、虚话、假话、大话较多的不良文风，学会说"人话"，更体贴，更有人情味，不违背经验常识，不"侮辱网民智商"。

面对挑战，很多主流媒体已率先"华丽转身"，做出积极努力。

如人民日报、新华社、人民网等设立"求证""来论""中国网事""领导干部留言板""人民网评"等栏目，回应网络热点，澄清真相，梳理情绪，推动互联网上官民的顺畅沟通和良性互动。

与此同时，近年来微博迅速发展成为网络信息传播的主要途径之一，也在事实上成为现今中国最大的网络舆论集散地。媒体法人微博的开通是主流媒体进据网络阵地、打通两个舆论场的重要一步。虽然起步较晚，但通过内容资源的优势、报道方式的创新，媒体微博展现出自身独特的媒体气质，发展非常迅猛。新浪微博平台上，仅 @ 人民日报、@ 新华视点、@ 央视新闻二家媒体法人微博，短短一年多时间就吸引了 3000 多万"粉丝"关注，共发布原创微博 8 万多条，被转评数超过 1 亿次。据统计，截至 2013 年 11 月底，我国微博账号总量已经突破 13 亿，仅在新浪、腾讯两个平台，媒体机构微博账号已达 3.7 万个。整体来看，媒体微博已成为微博平台上不可或缺的组成部分，为改善网上舆论生态发挥了积极作用。

以人民日报法人微博为例。人民日报在 2012 年 7 月 21 日北京暴雨之夜开通法人微博，运营仅一年，粉丝即达 1800 多万，发布微博超过 13000 条，评论量、转发量过千过万的微博众多，影响力居媒体微博之首，也远超许多名人大 V，"真正做到了主流媒体通过新媒体形式在互联网舆论场中的龙头压阵"。人民日报法人微博在改革、发展和社会生活中发挥积极作用，一年中几乎介入了历次重大突发事件与重大社会事件。以四川芦山地震为例，自 4 月 20 日 8 时 02 分后的 4 个整天，累计发布相关微博 440 条，平均每条被转发 10728 次、评论 1290 次。在北京暴雨、湖南唐慧案、广州方大国与南航空姐的冲突等事件中，@ 人民日报等中央级媒体频频发声，出现了新闻舆论传播的"国进民退"现象。开办一年，人民日报法人微博初步树立权威、理性、正义、亲和的形象，逐步成为网民心目中正能量的催生者和弘扬者。人民日报法人微博还带动一大批中央级媒体、省市级党报开通微博，体制内媒体微博和政务微博联手，打造"微博国家队"，在突发事件和敏感议题上引导舆论，初步夺回了互联网上的"麦克风"。

2013年8月19日，习近平总书记在全国宣传思想工作会议上发表讲话，提出：互联网已经成为舆论斗争的主战场。很多人特别是年轻人基本不看主流媒体，大部分信息都从网上获取。要把网上舆论工作作为宣传思想工作的重中之重来抓。新形势下，面临诸多挑战，要大力弘扬主流价值观和主旋律精神，需要开动脑筋，多措并举。而通过网络来传播主旋律和正能量，将成为未来宣传思想工作的重点。面对新媒体浪潮带来的调整和机遇，主流媒体必须勇于担当，勇立潮头，争做社会舆论走向的"定海神针"。

二、引领新风尚：让好人不孤单

道德模范郭明义入驻微博最大的价值之一，在于引领一种新的风尚。在价值观日趋多元的今天，在拜金主义、物质崇拜充斥的当下，在喧嚣浮躁的微博舆论场上，亟待一种新的精神风尚的指引，一种正能量的传递，一批红色大V的涌现。网络是一个举足轻重的阵地，需要持续的正能量去主动占领，需要郭明义这样的红色大 v 去主动发声，让主流价值观有市场，让好人不孤单。

1. 喧嚣的微博舆论场

2009 年 8 月中国门户网站新浪推出"新浪微博"内测版，成为门户网站中第一家提供微博服务的网站，微博从此正式进入中文上网主流人群视野。

微博客带来更大的社会震动，在于实现了对突发事件的"现场直播"，通过手机等无线终端，每个人都可以轻而易举地成为信息发布者。在江西宜黄拆迁自焚事件中，微博客的作用得到淋漓尽致地发挥。先是《凤凰周刊》某记者在微博上发出"机场女厕门连续直播"，报道自焚者家属钟家姐妹欲赴京上访时，在南昌机场被地方干部堵截在女卫生间长达 40 多分钟的经历，使得自焚事件向一个万众瞩目的公共事件突进。进而，钟家小妹钟如九自己开通微博，直播事情的后续进展。9 月 26 日晚，钟如九更新微博，发出母亲自焚后病危的消息，被转发 1.3 万次。经过网民信息接力，28 日钟母转往北京解放军总医院治疗。

与此同时，发展的微博也表现出典型的双面特征，在带来诸多积极效应的同时，也伴随着诸多困扰。一个典型的问题即风生水起的微博反腐。从"表哥"杨达才到"房叔"蔡彬再到不雅视频的主角雷政富，网络在反腐方面展现出巨大威力。由中国社会科学院新闻与传播研究所发布的 2013 年《新媒体蓝皮书》显示，不论是从相对数还是从绝对数上讲，新媒体都是最为主要的反腐倡廉事件的首次曝光媒介类型，反腐倡廉舆情事件首次曝光于新媒体上的数量远大于首次曝光于传统媒体上的数量。其中，2010 年至 2012 年，反腐败案件首次曝光于新媒体上的事件数量依次为 67 件、58 件和 31 件，3 年合计 156 件，是传统媒体的两倍。而微博出现后，更取代此前的论坛、博客等爆料主阵地，迅速成为网络反腐的首选渠道。一时间，各类实名爆料层出不穷，甚至有职业爆料人群体出现。微博上因亲友炫富、雷人语录、聊天信息或照片外泄导致被查处的涉腐公职人员，也越来越多。必须承认，微博反腐独辟蹊径，对反腐倡廉发挥了重要作用，成为规范化反腐工作的有力补充。然而其在发展过程中也表现出越来越多的无序和失范。一方面，网络举报信息鱼龙混杂，真假难辨，一些发泄私愤，带有灰色利益甚至政治目的的虚假信息夹杂其中，常常导致不实举报混淆视听。另一方面，与反腐相伴的各种网络暴力现象屡禁不绝，未经查证的"网络曝光"和"人肉搜索"，容易侵犯公民隐私，被举报人的真实身份和个人信息暴露在亿万网民面前，使其及家人的工作和生活受到许多困扰。例如，网帖所曝"拥有 24 套房产"的"房婶"，经纪委查实，只不过是一个普通工程师，而其 6 套房产也都是合法所得。虽然当事人的清白得以澄清，但其"家庭房产情况一览表"等个人隐私已被曝光。而更深远的影响还在于，一些伴生于网络反腐过程中的网络炒作低俗化、娱乐化倾向明显。官员生活作风问题成为吸引眼球的关键点，"情妇""二奶""包养""艳照"等桃色新闻被过度放大，使得公众对部分官员群体的负面标签化、刻板印象不断强化，甚至一定程度上加深了官民分歧与对立。

更为典型的还有在近两年引发各界热议的微博谣言问题。微博制造海量信息的同时，谣言也在滋生和蔓延，从"金庸去世"到"各地将发生地震"，从"女大学生器官被盗"到"艾滋病流行"等，微博谣言花样百出、层出不穷。

据中国社科院发布的蓝皮书《中国新媒体发展报告（2013)》披露，网络谣言的传播是 2012 年特别值得关注的社会现象。2012 年 1 月至 2013 年 1 月的 100 件微博热点舆情案例中，出现谣言的比例超过 1/3。网络谣言中所占比例最大的娱乐谣言（17.3%)。其次是社会治安谣言，一共有 108 个，占全年谣言的 16.1%，其中，一半（51.9%）的治安谣言涉及命案，将近四成（38.0%）涉及未成年人（尤其是儿童）被拐、失踪、绑架或不正常死亡，两成多（20.3%）涉及器官被盗，另有一成多（12.0%）涉及群体性事件。香港儿童被拐割肾、北京小学生被绑取眼角膜、四川 20 名儿童失踪尸体被挖掉器官、河南男孩洗澡心脏被挖、东莞女孩失踪内脏被挖等，"儿童＋失踪死亡＋器官被盗"的谣言在中国的大小城乡落地生根。

微博谣言的出现，存在着多方面复杂原因。首先，微博作为一种自媒体，表现出典型的低门槛特征，每个使用者都可以随时随地发布信息，而信息传播过程中，传统的"把关人"缺失，使得一些捕风捉影或凭空捏造的信息不经过审核即可以产生影响，典型的如金庸被去世事件。同时，微博 140 字的内容限制导致信息碎片化，也可能导致信息传播过程中因断章取义、移花接木出现一些信息的失真。

其次，在高速度、高容量的微博信息传播平台上，非线性网状的传播结构使得谣言传播和扩散的速度空前加快，谣言得以插上微博的"翅膀"。同时，一些谣言往往借力于社会非理性情绪，人们能够借助网络谣言宣泄个人积怨，从而使得谣言更容易在社会上引起极大恐慌，造成恶劣的社会影响。例如基于对于食品安全问题的焦虑产生的各类谣言，往往能够以极快的速度流传，很多公众抱着"宁可信其有"的心态跟风，无形中充当了谣言的"二传手"。

从谣言散布者的角度来分析，首先表现为心理诉求，即通过散布谣言博得眼球、引起关注，获得虚拟的满足感。其次是为了经济目的和利益诉求，恶意诽谤中伤政治或商业竞争对手以达到自己的目的，一些网络水军操纵的吸引眼球的小道消息也能够轻易将附带的商业信息广泛传播。如 2010 年 9 月的金龙鱼被诋毁案，就源于企业同行之间的恶性竞争，竞争者通过公关公司利用网络进行肆意炒作。微博谣言也对一些红色经典、主旋律人物宣传造成了负面影响。一些传统革命英雄人物如方志敏、刘胡兰、董存瑞等，遭遇各类网络谣言诋毁。励志楷模张海迪曾被造谣为日本籍，个人形象被严重抹黑。

微博治理当前已成为一个世界性话题。类似以上问题的存在，不仅助长了网民的焦虑和情绪化，污染了网络环境，也威胁到党和政府的公信力，影响长期社会稳定和社会主流价值观的塑造，必须引起全社会的高度警惕。加强微博治理，必须做到善待、善管、善用微博。

2. 意见领袖与红色大 V

"意见领袖"（opinion leader）概念，最早是由美国传播学者拉扎斯·菲尔德在 20 世纪 40 年代研究美国总统大选媒介宣传效果时提出的理论假说。在《人民的选择》著作中，他认为所谓"意见领袖"，是指在人际传播网络中经常为他人提供信息，同时对他人施加影响的"活跃分子"，他们在大众传播效果的形成过程中起着重要的中介、过滤或把关的作用，由他们将信息扩散给受众，形成信息传递的"两级传播"，即大众传播——意见领袖——一般受众，意见领袖的影响甚至超过了大众传媒。

在几亿网民组成的复杂和喧嚣的网络空间中，在沉默的大多数之外，也存在着网络舆论的引领者，即网络意见领袖。研究显示，与传统的意见领袖相比，网络意见领袖具备一些鲜明的特点：

1. 传统的意见领袖一般具备一定的社会地位、较高的教育程度以及较好的经济基础等条件。网络时代的意见领袖则一定程度上颠覆了这一切，社会地位不再是意见领袖的必要前提条件，很多时候反而是成为意见领袖之后所获得的附加物。在某热点话题发酵过程中，事件的亲历者、目击者或是拥有第一手资料的调查者，均可能由普通网友转变成为一定阶段内的意见领袖，但其影响力一般也局限于特定事件。例如"郭美美事件"中的报料人姜鹏勇。更多的网络意见领袖，从学界、媒体、文艺界和其他专业领域（如金融业、IT业）上网人群中产生，往往与传统意见领袖人群高度重合，如中国社科院农村发展研究所教授于建嵘，"微博女王"姚晨等。

2. 传统的意见领袖多是接受大众媒介的信息，然后以反对或附议的形式，将此信息传播给其追随者或影响力所及的人群。网络意见领袖不再只是被动接受大众媒介的信息，常常能够主动制造出稀缺信息或新闻，进而大众媒介不得不跟进，卷入到其关注的事件中去。

3. 网络时代的意见领袖面临的来自追随者中的质疑与挑战，相对传统意见领袖要大得多。这也是由互联网技术属性所带来的普通公众的话语权优势所决定的。

4. 传统意见领袖具有稳定性,而网络时代的意见领袖则并不稳定,甚至有特殊的"稍纵即逝"型"网上活跃人士"。与此同时,网络参与的扁平化、话题的分众化与观点的多元化,使得互联网涌现出层出不穷的网络名人,越来越多的公众加入到意见领袖的行列。"话题为王"的舆论场,网络传播的快捷性造就的"快餐式文化"既可快速促生一批网络新名人,同时也很容易"昙花一现",这都让网络意见领袖具有了很强的不稳定性,特别是对草根型意见领袖。学者徐贲曾研究"即逝公众",即不是围绕着媒体,而是围绕着问题或事件而形成。它有三个特征:同时、快速、饱和。

5. 传统的意见领袖的数量有限,且彼此之间缺乏有效沟通,而网络时代的意见领袖数量巨大,彼此之间的呼应或驳难非常频繁,由此产生一种特别的压力气场,影响舆论,导致行动,乃至改变决策。

在我国,随着近年来互联网的高速发展,已经初步形成了一个较为稳定的网络意见领袖群体,在网络舆论场中持续发挥重要的作用。2013年年初,人民网舆情监测室通过对100位"网络意见领袖"的职业分析发现,网络意见领袖媒体人士最多,其次是学者、作家与撰稿人、党政干部、企业家商人、公益人士、律师、演艺名人、网络达人等;另外,有超过3成网络名人分布于2个到3个职业领域。在表象之下,他们分属各种社会利益与文化群体。

网络意见领袖往往是网络中最耀眼的存在,热门网络社区活跃着他们的身影,热点网络事件中回荡着他们的声音。在美国的微博客Twitter(推特)上曾经做过一个统计,两万名精英用户,只

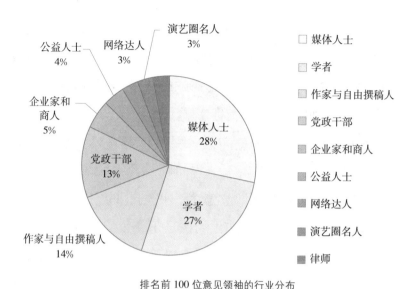

排名前100位意见领袖的行业分布

占注册用户的 0.05％，却吸引了几乎 50％的注意力，即一半帖文是对极少数精英用户的转发和评论。互联网虽然降低了民众表达的门槛，但少数知名网友的声音，仍然掌握着议程设置权，影响着主要网络话题的热度与深度，引领着公众的价值评判。微博客的出现和崛起，更使得他们的影响力以非常直观的粉丝形式得以体现。在微博中，我们称意见领袖为"大 V"，微博大 V 是网络时代与时俱进的"新贵"。据统计，目前在新浪和腾讯微博中，10 万以上粉丝的大 V 超过 1.9 万个，百万以上粉丝的大 V 超过 3300 个，千万以上粉丝的大 V 超过 200 个。每当微博"大 V"们发布一条微博，便会有大量受众收听，加上网友互相转发和传播，微博"大 V"在无形中已成为一个拥有特殊影响力的群体。微博上有一句流传很广的话："你的粉丝超过一万，你就好像是一本杂志；超过十万，你就是一份都市报；超过一百万，你就是一份全国性报纸；超过一千万，你就是电视台；超过一亿，你就是 CCTV 了。"这个段子形象地揭示出了大 V 在信息传播上的巨大能量。上海交通大学舆情研究实验室的一项研究就曾发现，2010 年影响较大的 74 起微博舆情案例中，有近五成存在明显的意见领袖影响。

微博意见领袖们占据信息高位，引发话题、设置议程，在网络上呼风唤雨的同时，也滋生了一些问题。网络的匿名性等特征，使得温和中正的观点难以赢取注意力，极端化的言论往往脱颖而出。一些意见领袖在微博粉丝文化的诱导下，发言立论容易走向偏激，同时缺乏自省，站队约架、党同伐异等现象也时有发生。

一些大 V 因责任感缺失或利益影响，成为网络谣言的传声筒和扩音器，扩大了不实信息的负面影响。2013 年，"秦火火""立二拆四"等网络红人被刑拘，案情调查显示，在微博谣言生成和传播的灰色利益链上，一些大 V 通过与网络推手、"水军"合作获得利益，扮演了合谋的角色，引发社会反思和警惕。

微博客、BBS 等本是个人表达的媒介，但各类"意见领袖"由于公众关注度很高，已然使这种"自媒体"升级为社会"公器"，正如前文所提及的杂志、都市报与电视台，具有明显的公共媒体属性，议题设置和舆论放大效用明显。这种情势下，"意见领袖"们需要更谨慎地用好"拇指话语权"，以法律、公序良俗和专业精神为边界，不失语也不妄言。

2013 年 7 月，《中国改革》杂志刊登人民网舆情监测室秘书长祝华新署名文章《打击谣言背景下的网络舆论新格局》。祝华新指出，时政类大 V 作为一个群体退场，少数沉湎于浪漫情怀、躁动而偏激的知识分子网友，也需要思考如何能够推动社会实现平滑转型。今后，有专业背景的中 V 将崛起，将以扎实的专业背景和学理分析，赢得网民的理性认同，而不是像先前的大 V 一样单单"吸引眼球"。

对于意见领袖群体的规范，除了倡导其自身的自律、自省、专业发言，以及网友的公共监督之外，更需要打造出、涌现出更多如郭明义微博这样传播主流价值的红色大 V，在微博舆论中传播主旋律与正能量，发挥中流砥柱的作用。

在目前的微博舆论场中，红色大 V 主要分为两个类别：

一类是法人机构类，主要是各类政务微博和媒体微博。据统计，截至 2013 年 6 月底，我国共有 17 万个各类政务微博。同时，越来越多媒体进军网络舆论场，大批中央级媒体、省市级党报开通官微，打造"微博国家队"，话语权争夺异常激烈。媒体微博富有极高的活跃度，有统计显示，约 30% 的媒体发表微博数超过一万条。截至 2013 年 10 月 14 日，@ 人民日报、@ 央视新闻、@ 新华视点三大官微新浪微博粉丝共计 2800 多万，具有巨大的网络舆论能量。人民网舆情监测室统计了 2013 年新浪媒体微博发布的单条微博人气王，从其人气数据中可以感受相关媒体微博的巨大影响力。

三大官微新浪微博粉丝、发博数

微博账户名	粉丝数	发博数
@ 人民日报	11,007,135	17,499
@ 央视新闻	9,624,965	20,882
@ 新华视点	8,265,163	40,978

通过对所有新浪媒体机构所发的各条微博进行统计，并筛除

掉一些"抽奖类"和商业性质的微博，得到新浪媒体机构所发微博中转发量和评论量之和最高的十条微博。可以看出，"人气王"微博主要集中在"@人民日报""@央视新闻"等影响力较大的权威媒体所发的具有互动性质的公共热点事件相关微博中。

新浪微博单条媒体微博人气王（被转发、评论 top10）

排名	微博内容	作者	日期	被转发	被评论	总量
1	【今夜，请为遇难同胞点起】据新华社，截至目前，甘肃定西 6.6 级地震已造成 75 人遇难，584 人受伤！愿逝者安息，生者坚强。	人民日报	7 月 22 日	452,348	53,761	506,109
2	# 波音 777 坠机 #【请为她们点上蜡烛】昨天，她们或许还在赴美途中有说有笑，带着妈妈的嘱咐、爸爸的祝福和那股花季女生才有的兴奋劲儿；今天，骇人灾难却从天而降，随她们起飞的人生，没能稳稳降落。这不仅是航空界悲伤的一天，更是两个家庭心碎的一天。远隔重洋，竟无从道别。命殒旧金山的姑娘，走好！	央视新闻	7 月 7 日	287,061	45,302	332,363
3	【黄洋，今晚我们一起送别你】他是四川荣县人，2005 年以 690 分的成绩考入复旦。父母均是下岗职工，家里经济困难，大学所有费用都是自己挣，从未用过家里的钱。他乐观上进。母亲肝脏手术，医药费也来自他的奖学金和勤俭学的费用。今天，28 岁的年轻生命戛然而止！今晚，我们点起蜡烛，送你一程！	央视新闻	4 月 16 日	240,046	73,139	313,185

续表

排名	微博内容	作者	日期	被转发	被评论	总量
4	#微博寻人#！【婴儿在车里，车被盗了!】今天7点20分,在长春西环城路与隆化路交会处,一辆灰色RAV4车辆被盗,车牌号为AMM102,车内有一名两月大婴儿(监护人短暂离车未拔车钥匙)。目前已展开全城大搜索,救婴儿,抓盗贼。看到此车或有相关消息的群众请与警方联系,祈愿能尽早找到婴儿。(央视记者万灵)	央视新闻	3月4日	258,267	42,732	300,999
5	#微博寻人#【婴儿丢失近10小时了】长春载2个月大男婴的灰色丰田车被盗已近10小时。吉林高速管理局已排查方圆200公里收费站,一无所获,多家物业正排查地下车库。丢失车车牌为吉AMM102,男婴用红色小花被包裹,左肩有胎记。婴儿太小,需母乳喂养,现在肯定饿了吧。大家紧急扩散,快点找回孩子!	央视新闻	3月4日	242,504	33,788	276,292
6	【2013年劳伦斯世界体育奖揭晓】被誉为体育"奥斯卡"的劳伦斯世界体育奖在巴西里约热内卢刚刚揭晓。获得"年度最佳团队"提名的中国乒乓球队、"最佳突破奖"提名的小将叶诗文遗憾落选。年度最佳男女运动员被牙买加飞人博尔特和伦敦奥运女子七项全能冠军英国选手杰西卡-恩尼斯斩获。(央视记者李厦)	央视新闻	3月12日	264,784	164	264,948

续表

排名	微博内容	作者	日期	被转发	被评论	总量
7	【真功夫、肯德基的冰块比马桶水还脏! 麦当劳也不合格】@央视财经是真的吗 记者分别在北京崇文门的真功夫、麦当劳、肯德基取回冰块样本进行检测,结果令人震惊。三家快餐店的食用冰块菌落总数均不符合国家标准,其中真功夫、肯德基食用冰块的菌落总数含量比马桶水高出6倍、13倍,比马桶水还脏!	央视新闻	7月20日	209,813	43,526	253,339
8	#皓博睡吧# 36个小时后,我们有了你的消息,最不愿听到的噩耗。你还没来得及长大,甚至还没看到人生第一次春暖花开。你被很多人关心过,只可惜,这些关心没能强大到足够保护你。小皓博,睡吧,不用再惊慌,伤害你的坏人会受到惩罚,我们也会尽力,把这个你还不曾了解的世界,变得更好一些。	人民日报	3月5日	198,961	54,158	253,119
9	【一块口香糖 让这位保洁阿姨蹲了十五分钟】几天前,一山东旅客在机场看到了动人一幕:为清理粘在地上的一口香糖,54岁的清洁工阿姨蹲在地上用刀片一点点刮,足足15分钟。要不了1秒,一块口香糖就能扔在地上,她却每天要为此蹲下来清理几十次。从今天起不乱扔垃圾,我转发我承诺!	人民日报	8月28日	225,423	23,556	248,979

续表

排名	微博内容	作者	日期	被转发	被评论	总量
10	【紧急呼吁】虽然今天我们都是雅安人,但:1、雅安周边交通拥堵,现在救援车出动,请一定要让出生命通道;2、没有亲人在雅安芦山等的,请取消不必要的商务公务旅行,不要盲目去灾区;3、话务拥塞,不要不停向四川和雅安拨电话,尽量用短信和微信等联系,把电话通道留给最紧急的人。为爱转发!	人民日报	4月20日	219,804	14,448	234,252

另一类是红色人V群体,即一人批深入网络舆论场、与网民形成良好互动,具有较强公信力与传播影响力的体制内大V。如网上活跃的蔡奇、陈里、王惠、中一在线、章剑华、朱永新、郭明义、陈士渠、张泉灵、芮成钢等。体制内大V的批量出现,对沟通官民关系、优化网络意见领袖群体成分具有重要的意义。

腾讯十大党政官员微博

排名	微博	认证信息	省份	听众数	微博数	活跃度	传播力	引导力	总分
1	蔡奇	蔡奇,浙江省委常委,常务副省长。	浙江	10,237,447	2102	91.79	99.78	95.97	97.07
2	王郁松	王郁松,共青团中央委员会宣传部网络处副处长,浙江省衢州市柯城区人民政府副区长。	北京	7,206,364	1145	84.65	96.01	95.44	94.59
3	罗崇敏	罗崇敏,国家督学,云南省人民政府参事,原云南省教育厅厅长	云南	2,894,348	3525	97.57	94.50	93.65	94.38

排名	微博	认证信息	省份	听众数	微博数	活跃度	传播力	引导力	总分
4	朱永新	朱永新,中国教育学会副会长、苏州大学教授	北京	4,596,045	2674	94.41	95.67	90.35	92.89
5	陈士渠	公安部打拐办主任	北京	1,565,840	2470	93.37	93.21	88.02	90.63
6	刘维忠	刘维忠,甘肃卫生厅厅长	甘肃	2,796,077	3370	95.98	93.60	86.87	90.47
7	叶青	叶青,民进湖北委员会副主任,曾任中南财大外国财税教研室副主任,高等教育研究所所长,第十一届人大代表,现任湖北统计局副局长。	湖北	3,502,276	3862	96.31	94.18	84.99	89.80
8	刘五一	刘五一,河南省新郑市人民政府副市长。具茨山岩画中心主任,博士。新郑市枣树管理协会会长。	河南	976,450	4077	95.25	93.26	84.73	89.19
9	郑继伟	郑继伟,浙江省人民政府副省长。	浙江	2,164,444	548	73.87	93.50	87.33	88.45
10	陈里	陈里,三农、社会学学者,管理学博士。	陕西	1,111,288	2746	96.10	90.49	82.39	87.00

新浪十大党政官员微博

排行	昵称	认证信息	省份	粉丝数	微博数	活跃度	传播力	引导力	总分
1	陈士渠	公安部打拐办主任陈士渠	部委	5,013,159	10596	0.0522	0.1797	0.0762	0.1487

续表

排行	昵称	认证信息	省份	粉丝数	微博数	活跃度	传播力	引导力	总分
2	中一在线	海宁司法局长金中一	浙江	1,282,965	18989	0.0716	0.0730	0.1231	0.1138
3	甘肃刘维忠	甘肃卫生厅厅长刘维忠	甘肃	2,946,918	8037	0.0430	0.0623	0.0751	0.0664
4	北京王惠	北京市政府新闻办公室主任王惠	北京	3,626,807	2609	0.0132	0.0802	0.0194	0.0632
5	传说中的女网警	北京市公安局网警高媛	北京	2,180,771	10136	0.0503	0.0393	0.1072	0.0591
6	陈鸣明	中共十八大代表、贵州省人民政府副省长	贵州	513,871	5431	0.0326	0.0505	0.0134	0.0562
7	牛兴全	甘肃省司法厅副厅长牛兴全	甘肃	2,199,791	14518	0.0685	0.0381	0.0222	0.0528
8	一叶知秋微直播	湖北省公安交通管理局宣传民警	湖北	567,432	12431	0.0601	0.0323	0.0382	0.0507
9	潍坊公安马江涛	潍坊市公安局民警马江涛新浪微博社区委员会成员	山东	1,027,493	7838	0.0415	0.0141	0.0257	0.0409
10	褚峰	共青团中央组织部副部长褚峰	部委	1,990,437	5942	0.0366	0.0354	0.0115	0.0359

（注：本排行严格按照公职人员认证信息执行，数据统计日期截至 2013 年 12 月 20 日）

互联网时代，话语权意味着社会责任，关注度意味着社会公信，不可不善待慎用。可以说，经历一段时间以来的积累，目前网上红色大 V 已初具规模，并形成了一定的集群效应，对传播主流价值观、引领舆论走向、倡导社会风尚发挥了不可替代的作用。微博上的郭明义，也正是其中的关键一员。以郭明义为代表的红色大 V 的成长，是未来成功引领社会价值走向的希望所在。

3. 打造新时代的道德"恒星"

2013 年的网络喧嚣中，一个重要的现象引发各方关注——老年群体，遭遇网络规模化声讨，甚至被集体污名化。一段时间内，网络上关于老人"公交霸道抢座""跳舞扰民无理取闹""讹诈好心人""倚老卖老""为老不尊"的新闻层出不穷。一句颇为机巧的"不是老人变坏，而是坏人变老了"一时成为网络流行话语。

最典型的案例是"四川达州三名儿童搀扶老太被讹"事件。事件当事人蒋婆婆经达州市警方调查认定系自己摔倒，蒋氏母子对做好事的三名儿童进行了敲诈勒索，引发舆论哗然。该事件长达两周时间占据网络热门话题榜，数据显示新浪微博等互动社区中有至少100 万网友参与讨论和超过 10 万条网民评论。扶老人反被讹，严重冲击了社会的道德底线，此事件更唤醒了网友们对此前发酵已久的彭宇案等事件的灰色记忆，负面效应空前放大。

几乎与"达州讹人老太"热点同时还有发酵的，还有西安"抢座老人"也成为网络舆论的关注焦点。网友"该是时候"发布长微博，称和一名女同事搭乘 202 路公交车上班，一名后上车的老人向她们"索要"座位，觉得受到了侵犯的同事没有让座，没想到老人竟然口出脏话，还一屁股坐在了女孩儿身上。该事件经《西安晚报》报道后，相关网络新闻超过 1500 条，相关微博讨论数超过十万条。

种种"寒心事"，原本只是个案，然而经互联网集中放大后，仿佛中国老人集体变"坏"了，进而在网络上演变成了对于老人群体的集体口诛笔伐。在网络媒体配合"达州讹人老太"事件报道的一个新闻调查中，调查结果显示"80％网友称遇老人跌倒不会扶"。负面事件的示范效应就这样被网络空前放大，不同群体间生存状态的隔膜加深，整个社会一时间仿佛形成了一种对老人"避之唯恐不及"的氛围，"尊老爱幼"的传统道德堤防遭遇严重冲击，本就很脆弱的社会信任雪上加霜。

在这一舆论背景下，一些曲解和误读导致的闹剧顺理成章地出现了。2013 年 12 月，网上再度传出一则"外国小伙扶摔倒东北大妈被讹急哭"的新闻，引发铺天盖地的道德批判与反思。然而，最终经当事人、目击者及警方调查证实，东北大妈并未"碰瓷儿"，外国小伙也并非无辜。整个事件只是一起因外国小伙违反交通法规导致的普通交通事故纠纷，并不能契合很多网友"坏老人"的类型化想象。

这一事件戏剧性的反转，适时给了热衷此类话题和解读的媒体和网友们当头一棒，引发深刻反思。而此时，一位"中国好大爷"的及时出现，一扫此前网络负面情绪的阴霾，在 2013 年年末传递了正能量。郭明义的微博当时也介绍了这位大爷：

＠鞍钢郭明义：沈阳不讹人大爷王福顺被授予文明市民称号。12 月 19 日早晨他被骑电动车的年轻人撞倒，自称有医保，让肇事者赶紧去上班。事实上，他是名月薪 1750 元的保安，根本没医保，甚至连养老保险都没有，善意的谎言只是为了给撞人的小伙子解围。他的宽容引来了数万网友点赞，成为寒冷严冬一抹感人至深的温暖！

"中国好大爷"王福顺的出现，让"坏老人"这个延烧已久的负面话题戛然而止，也再次说明，网络虽然是一个虚拟社会，但虚拟社会也需要道德的引领，也需要道德的力量作支撑。在社会舆论大变革背景下，在复杂的网络舆论场上，在各类话语力量版图博弈与重构的过程中，主流价值观不能失声，道德模范的身影不应缺席。微博上众声喧哗、泥沙俱下，有谣言，有抱怨，有许许多多看一会儿就需要疗伤的阴暗面；但另一方面，微博上也不缺少人性的光辉，不缺少乐善好施、扶贫济困这些存在于每个人道德基因中的中华民族传统美德。随手拍解救被拐儿童、免费午餐救助贫困儿童、郭明义发起献血行动……都在微博上传递着温情、纯净、高尚、慈悲和感动。

狭路相逢勇者胜，在复杂的角力中，正能量只有主动抢占舆论阵地，才能真正引领社会价值。微博需要网聚起爱的能量，需要旗帜鲜明地唱响真善美的主旋律，需要理直气壮地弘扬美德与正气。在这一背景下，郭明义微博的出现是必然的，也是必需的，它顺应了网络亟待主流价值观引领的现状，顺应了整个社会的道德期待和人们心灵深处对真善美的渴求。

新浪网副总编周晓鹏谈及郭明义微博时曾指出："微博上的内容浩如烟海，但郭明义微博的出现，给新浪微博带来了新的变化，我们欣喜地看到，在微博中讨论公益、捐助和道德的话题越来越多了。我们期待着千千万万'郭明义'的出现，在网络上凝聚起更多健康向上的力量。"

对于类似郭明义这样的道德模范来说，微博是一个巨大的挑战，微博同时也提供了一次前所未有的契机，让传统的道德模范到网络上千锤百炼、浴火重生。近年来，我国推出众多典型人物，在一些地方、行业，推典型几乎成为政绩工程和形象工程，对典型人物推得高不高、成功与否的标准是"有没有上《新闻联播》""有没有上《人民日报》"。而在媒体轰轰烈烈报道一轮后，典型人物就被束之高阁，消失在公众视野，成为一次性消费品。

这样昙花一现的"道德流星"，也许并非本身不具备可深入、持续挖掘的崇高道德内涵，仅仅因为宣传与引导手法过于保守，不接地气，导致其无法深入到普通民众的内心，从而也就无法实现道德价值的有效引领。道德模范要实现影响力与感召力，关键在于可亲、可信、可学。而传统的媒体宣传思路与方法过于单一与被动，制造出一批公众只可远观和仰望的"苦行僧"与"高大全"，有时不仅难以取得理想宣传效果，甚至还惹人反感，导致反作用。零距离、全维度，同时也是喧嚣的、复杂的微博提供了一次机遇、一个窗口，去弥补传统造星模式的诸多问题，倒逼沟通模式的全面进化。这并不是一个简单的媒介平台的转换与替代，同时意味着典型人物宣传思维的一次革新。著名传播学者麦克卢汉曾言，媒介即内容。媒介形态很大程度上决定了内容的生产，没有全新的思维，无法驾驭微博，更不可能在微博上取得成功。

微博舆论场也为道德模范真正发挥示范效应提供了难以想象的巨大空间。上了微博的"郭明义"不再是一个人在战斗，而是400余支爱心团队在奋斗，是70多万名志愿者在奋斗。在郭明义微博的示范引领下，他的成功也正在被复制。郭明义微博带动了更多的道德模范加入到"织微博"的行列中来，2011 年 10 月，辽宁省的武秀君、袁春泉、高玉贤、徐文涛、曹伟等 5 位道德模范开通了微博。其后，又有 120 多位辽宁省的道德模范开通了微博，加入到郭明义为群主的"道德模范之家"微群，成为全国首个道德模范微博群体。"用受众最热衷的社交平台、用最贴近生活的语言、通过最直接的点对点的互动，将中华民族的传统美德与现代化的慈善模式结合起来，让模范的示范作用最大限度地发挥，这就是郭明义微博的成功秘籍。"东北新闻网编辑贺晓雁说："我们欣喜地看到，辽宁省的武秀君、曹伟等 120 多位道德模范开通了微博，在这个微博平台上，只上过小学的曹伟救助了好多人，高玉贤更是用'义救路人'的实际行动诠释了这个社会的真善美。他们都在用自己的行动、自己的爱心为微博这个平台注入着温暖的力量。"

只有经历了微博舆论场摸爬滚打的考验，道德模范才真正可称得上站得住、立得稳，只有在微博上有了公信力和感召力，道德模范才真正拥有影响力。作为新时期学雷锋楷模的郭明义，在亿万微博主中脱颖而出，恰恰证明了他是个站得住的道德模范，同时也验证了平等互动、沟通思维的重要性。由此，郭明义成为新时代的道德"恒星"，他的名字，他的故事，他的精神，不仅没有随着时间推移被公众遗忘，反而发挥着越来越大的影响力。他的成功，既是人格的成功，也是传播的成功。

一个好人站出来，就会鼓舞千千万万个好人站出来，千千万万个好人站出来，我们的网上舆论环境，将大为改观。当微博上的"最美妈妈""最美教师""最美女护士""最美乡村医生""最美司机"越来越多，我们就一定能创造出一个更加温暖、更加和谐的社会。

4. 好人微博、公益微博盘点评析

微博上，各类倡导公益活动的意见领袖、道德模范，组成了一个特殊的群体，成为微博上一道独特的风景线。他们以自己的点滴努力，利用微博上独特的粉丝文化，推动公益事业走入公众视野。总结他们的典型经验，借助现代信息传媒手段，让先进人物的传播更生动、让公益道德的推广更深远，能够融入日新月异的社会文化和时尚生活，进而发展健康向上的网络文化，已经成为现阶段值得认真思考与探索的问题。

我们选取了新浪微博上一些典型人物的微博进行分析，以管窥这一群体目前的微博运行情况。

新浪微博上的典型人物微博

人物	认证	粉丝数	微博数	日均微博数	原创率	互动率	平均评论数	平均转发数
陈里	三农、社会学学者，管理学博士，中央政法委宣教室副主任	17,696,188	15414	12	30%	0.004	12	51
陈士渠	公安部打拐办主任陈士渠	5,131,231	10888	9.6	19%	0.13	94	608
邓飞	免费午餐发起人、凤凰周刊记者部主任	4,291,169	25064	16	5%	0.19	32	489

人物	认证	粉丝数	微博数	日均微博数	原创率	互动率	平均评论数	平均转发数
最美志愿者—韩伟	全国青联委员、中国青年志愿者协会理事、第二届辽宁省道德模范	1,057,382	5706	4	45%	0.001	0.7	0.9
王克勤	调查记者	507,609	16842	12	9%	0.16	11	57
高铁李东晓	北京铁路局北京机务段高铁司机、全国五一劳动奖章获得者李东晓	42,104	130	0.1	45%	0.002	2	4.6
最美乡村女医生_钟晶	全国五四青年奖章、全国三八红旗手、全国道德模范获得者	33,120	2294	2.6	40%	0.15	4.1	15
本溪武秀君	第一届全国道德模范,辽宁本溪满族自治县金辰建筑有限责任公司总经理	26,342	114	0.1	55%	0.13	115	142
董明	全国道德模范、中国青年五四奖章、北京奥运会、伦敦奥运会火炬手	22,955	1266	1.1	25%	0.012	1.6	0.8
京城雷锋孙茂芳	北京军区总医院原副政委	13,847	3098	3.6	65%	0.35	2.4	11

（注：根据粉丝数、微博数、日均微博数、原创率、互动率、平均评论数、平均转发数等 7 项指标，来源于网络统计工具）

从地域分布来看，新浪微博中认证的"道德模范""全国劳模"微博，北京、辽宁、河北等地居多。尤其值得一提的是，以郭明义等人为群主的全国首个道德模范微博群体——"道德模范之家"微博群，现已拥有成员904人，形成强大的集群效应，"大爱辽宁"的精神在互联网上得到了很好的展现。

另外，同样在微博上发挥积极作用，借助微博推动爱心公益的还有一些专家学者、媒体界人士，这部分人大多身处北京、上海、广东等社会经济、文化教育发展水平较高的地区，分布较为集中。

从粉丝数量、传播力、活跃度等多方面来看，以陈里、陈士渠等为代表的身居高位的公职人员及以邓飞等为代表的媒体界人士，较单一的先进人物群体的微博影响力更人。若以粉丝数10万为界，先进人物群体真正能达到大V标准者寥寥。

上述人群中，无论是体制内的公职人员、先进人物，还是专家学者、媒体界人士，均对公益事业表现出高度一致的热情。对相关公益事件及活动的呼吁、号召始终是他们微博的重要内容之一。因为具有一定的影响力，不少公益事件爆出或公益活动发起后，也会有人主动邀请他们帮忙转发扩散，以吸引更多的关注。

公安部打拐办主任陈士渠等人是公职人员中，较早使用微博的。他们有自己的"固定粉丝群"，在微博公益，尤其是各自领域内的公益事件中具有广泛的正面号召力。陈士渠的微博成为打拐行动的重要纽带，在收集线索、宣传扩散以及打通警民联动等方面发挥了积极作用。

此外，一些专家学者、媒体界人士长期关注公益，基本上充当微博公益的"代言人"或"主要传声筒"。他们密切关注微博公益传播，事无巨细地把自身接触到的信源信息或从大众媒体获取的有价值的信息，通过微博传递给大众。他们具有强大的传播影响力，总能引起多方关注和舆论热议。主要包括知名微博公益项目发起人、掌握权威信息的官方微博发布者等。例如，"免费午餐"微博公益行动的发起人邓飞，"大爱清尘"的发起人王克勤等。

纵观上述人群，尤其是先进人物群体的微博可以发现，无论是亲民接地气，还是严肃谈信仰，都各有受众。例如，"京城雷锋"孙茂芳（北京军区总医院原副政委，一等功臣）"学习雷锋，前进，前进，永远向前进"的口号式微博，因符合自身的气质定位，具有独特的个人风格，得以在为数众多的同类微博中脱颖而出。而"最美乡村医生"钟晶则以贴近生活的"唠家常"式内容见长。

总体来看，这个群体的存在，成为微博上正能量的重要来源，通过他们的努力，把公益和爱心的理念传递给公众，让主流价值观和传统美德再次闪闪发光，激浊扬清，扶正抑偏。他们也许人数比例并不大，但这样的他们，却是微博洋流中不可缺少的"定海神针"。

『典型案例』

陈士渠：首开微博的"打拐英雄"

"打拐办"主任陈士渠的微博自开通以来，吸引了逾500万粉丝，稳居公职人员微博影响力排行榜前列。他借力网络和微博收集打拐线索，收微博私信达上万封，成功破获拐卖妇女和儿童的案件数万件。在他全身心的投入和全国公安机关的共同努力下，一度掀起了线上线下全民打拐风暴。"微博打拐"成为年度热议关键词之一。

在陈士渠的微博上，最常见的是一张张失踪儿童、妇女的照片，并@陈士渠，附上"请陈主任关注"等文字。对于这些信息，

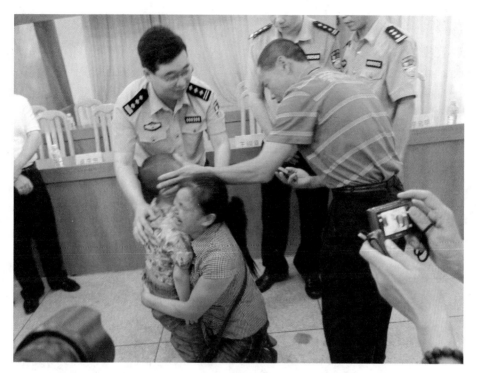

陈士渠参加福建"2.21"特大拐卖儿童团伙案集中抓捕及认亲活动

陈士渠通常会予以转发并回复"请扩散""已部署核查""已督办此案"等内容。对公众诉求及时正面的回应，对办案进程积极主动的公布，不仅能够有效地舒缓焦虑情绪和舆论压力，同时也能起到征询线索以及震慑犯罪的作用，可谓一举多得。

通过微博，陈士渠打破了中国公安人员固有的"自我威严"式的工作模式，转而以透明、亲和的方式，让人看到了公安温情脉脉的一面。这对于公众更好地认知和理解他们的工作，有积极作用。正如陈士渠所说，以前有一些群众认为孩子找不回来公安机关是有责任的，但当他们在微博上看到公安机关采取了很多措施来健全打拐机制，而且找回来了很多失踪被拐的儿童和妇女后，他们对公安机关从不理解转变为理解，这有利于营造一个比较好的舆论氛围。可以说，微博打拐的发起已经成为一个转折点，不仅极大地助力了公安机关打拐的实际工作，更使得相关工作的公众评价、舆论反馈相比过去发生了十分积极的改变。

邓飞：中国公益事业中的微博侠

作为"免费午餐""中国水安全计划"发起人的邓飞，在微公益方面积累了许多经验。据介绍，截至 2013 年 11 月，"免费午餐"公益项目已募集 7000 多万元善款，参与者突破一千万，为全国 18 个省市自治区的 328 所学校 7 万名学生供应了超过 1000 万人次的午餐。并推动国家每年投入 160 亿元改善乡村儿童营养。民政部曾评价"免费午餐"项目：这种源自草根、蓬勃而起，最终影响国家决策的公益行动，在中国公益史上尚属首次。

邓飞认为，微博是实现公益需求的一种直接有效的手段。很多事情微博可以第一时间发出来，并把每个人的意见及时汇拢，甚至可能迅速集结起人力、物力和财力。他最早运作"免费午餐"项目时，就是因为发了一条微博，结果引起了强烈反响。

为了保持微博公益的生命力，邓飞做了很多有益的尝试。例如把"免费午餐""大病医保"等项目运作做到公开透明，接受所有人的监督。他们采取"裸晒"的方式，每天把花收支款项以及发票收据等都在微博上详尽地公示出来，人人都可以看到。微博公益，唯有公开，方有公信。也唯有公信，才能健康长久。

此外，邓飞还在接受采访时提到，微博传递公益，目的是把

2014 年 2 月 18 日,邓飞在湖北阳新给王英镇倪家小学孩子送去温暖包,里面有帽子围巾手套,让孩子们抵御严寒。他在搜狐微博中写道,我们告诉孩子们,无论如何,都不要放弃学习,都不能失去勇气,通过努力去改变自己的命运

公益项目在大家的眼皮下落地。微博是这些环节中很重要的媒介终端,想要项目真正落地,还需要包括基金会、媒体、公益组织、志愿者、政府等在内的多方合力,相互协作,良性对接。

孙茂芳:"京城雷锋"微博持续发光发热

孙茂芳是北京军区总医院原副政委,现已离休。他四十年如一日,学雷锋,做好事,无微不至地照顾孤寡老人和生活有困难的老人,被称为"京城雷锋"。在为数众多的道德模范所开通的微博中，孙茂芳以其质朴的语言，严谨的作风，坚定的信仰，军人的情怀，独树一帜，拥有近1万4千粉丝，并与网民保持了良好的互动。

孙茂芳的微博内容较为集中，主要是他受邀到各地宣讲雷锋精神及先进事迹、参与相关公益活动、转发各类公益微博等内容，充满正能量。统计发现，在孙茂芳的微博中，出现频率最高的一

2013年3月5日下午,被誉为"京城活雷锋"的孙茂芳从回到象山,与家乡东陈小学的孩子们畅谈几十年学雷锋做好事的体会与感受

句话是"学习雷锋，前进，前进，永远向前进"。孙茂芳几乎每天都会发这条内容。令人欣慰的是，这句口号式的话语非但没有引发网民的反感，反而有着极高的接受度，常有网民转发此微博称"向孙老学习"，学一辈子雷锋，做一辈子好事。这种潜移默化的影响，正是孙茂芳的微博所发挥的积极作用之一。

此外，孙茂芳还经常在微博上与其他道德模范如郭明义、韩伟等人互动，这也在一定程度上扩大了微博上这一特殊群体的传播影响。

钟晶："最美乡村医生"微博接地气

"人就算活 150 岁，如果没为别人做点有益的事，那也是虚度了年华。"钟晶，一个 80 后独生女，2008 年辞去贵阳一家医院的工作，跟随丈夫来到贞丰县龙河村。来到这里后，由于当地村民缺乏基本的卫生知识，七成妇女患有妇科病，部分老人患有风湿病，对钟晶触动很大。两个月后丈夫调入州府，她却仍然独自坚守。她用自己的积蓄办起了村卫生室，这是龙河村 4000 多名村民当时唯一能进行新农合报销的卫生室。她是网民眼中"最美乡村女医生"，她的微博内容丰富，语言活泼，体现出接地气的风格，3 万多的粉丝在道德模范微博群体中居于高位。

钟晶的微博倡导公益事业，更不忘以自己的影响力号召更多的医疗工作者关注农村，关注农民健康。但更多的时候，她更像一位普通的医生网友，专注于自己的领域和生活。在微博上耐心地解答网友提问，普及医疗知识，此外，她在人民网等多个网络平台的互动，反响都很热烈。每至节日，钟晶还会发博祝福或是谈谈自己

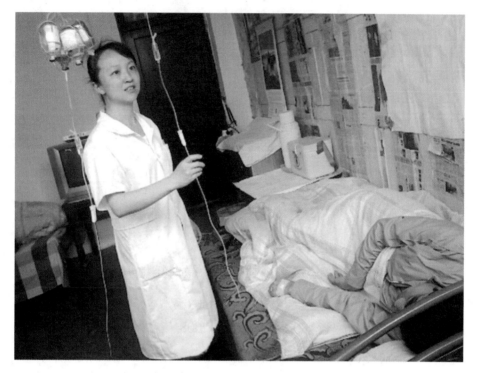

"最美乡村女医生"钟晶在为村民输液

的体悟,如乡间一缕清风,体现出极强的亲和力。

通过综合分析可以发现,在众多好人微博中,郭明义的微博依然可以说是独树一帜的。整体来看,目前在网上倡导公益爱心的好人微博可以分为两个群体,即纯粹的由官方倡导的道德模范和致力于爱心公益的传统意义上的意见领袖。但二者在影响力的量级上比较悬殊,当前单纯道德模范微博的影响力很难与传统意义上的网络意见领袖相媲美。如网上影响力突出的陈里、邓飞,都是兼具了传统意见领袖与倡导公益爱心者的双重角色。

以全国道德模范身份为公众所熟知的郭明义成为一个特例。郭明义微博的各项数据指标,显示他已经成为当前道德模范群体微博运营中最为成功的一个，能够作为纯粹以爱心公益为标签的微博红人，与传统的意见领袖一较高下。这样的成绩，无疑是一种重大突破，在道德模范宣传方面更是具有里程碑意义的。郭明义微博的成功，意味着道德模范群体成功走入了网络阵地，进而成倍放大了公益道德的正向影响，拓展了公众参与爱心事业的全新天地，证明了主旋律精神同样能够与网络发生化学反应。在当前社会和网络环境下，郭明义精神需要传承，郭明义的微博精神同样需要进一步发扬。他的微博运营成功经验亟须总结推广，他的微博之路亟须更多人复制与延伸。

郭明义微博的探索，也为今后这一类好人微博的发展探明了问题，指出了新的努力方向。目前的好人微博群体，已在网上初显峥嵘，初步营造了从我做起、热心公益的网络氛围。但总体上来看，包括郭明义微博本身在内，也依然存在诸多问题。

首先，从整体认知上，很多人对微博的功能效用仍缺乏充分了解，能够主动开通微博并妥善应用，取得重要成果的好人微博仍占极少数。很多道德模范把微博视为一个可有可无、可轻可重的选择。

另外，一些人虽然开通了微博，但运营意识不强，缺乏基本的运营技巧。好人微博，与一般的私人微博不同，开通者一般具有特定的身份标签与定位，承载了一定的倡导公益道德的社会使命。因此，不同于单纯的个人生活记录与情感表达，好人微博也需要追求影响力与传播效率的最大化。这就需要与时俱进的运营意识、自成一格的运营思路及行之有效的运营技巧，如此才能在复杂的网络环境与社会心态下，有效塑造真实、真诚的"好人"形象，源源不断地输送道德能量。

目前的好人微博在运营上，以单兵突进为主，缺少整体统筹思路；以单打独斗为主，缺少声气相求的配合与联动。在沟通技巧上，很多好人微博不能把握互联网时代的话语逻辑与风格，对网络平等沟通、互动为王的属性没有清醒的认知，很多时候呈现的缺少鲜明个性色彩的呆板面孔与宣讲腔调在崇尚自由平等的网络空间里显得格格不入。更有一些道德模范微博，沾染了传统体制化宣传的僵化气息而不自知，微博发言不接地气，流于假大空，最终导致感染力缺失。诸如此类问题，都需要在未来的发展中着力改进。

网络建立了一个全新的世界，带来了一种全新的生活方式，每一个人、每一项事业都无法置身其外，也不可能在忽略网络带来的改变的情况下取得成功。用网络倡导爱心公益、引领社会道德，其核心在于思维的转变，即一种全新的网络思维的建立，并进而体现为网络素养的提升。这并非细枝末节的修正与调整，而是全新的解放思想、破旧立新的历程。只有积极主动迎接这一历程，才能拥抱互联网带来的美丽新世界，才能让主流价值的灯塔永远指引未来社会的航向。

附录:
今天你奉献了吗?

——"郭明义微博"选摘

一、无私奉献

鞍钢郭明义 ▼　　2011-4-4　10:21

今天我应该到烈士山祭扫父亲陵墓，但是因为有工作，所以老伴儿代我去了。我觉得在岗位上好好工作，就是对父亲最好的祭奠，愿父亲安息。

　　柯南伊梦：对，叔叔，您说得对，其实只要内心深处真正的追悼逝去的亲人，那就足够了，没必要在外的形式与排场，如果中国多一些像你这样的好人的话，那该多好啊！叔叔，从今天起，向您学习！

　　悄悄说二句：老郭说得好，立足岗位，敬业奉献，争创佳绩，是对长辈，对亲人最大的报答和安慰。

鞍钢郭明义 ▼　　2011-4-7　13:23

红十字会送给我一台摩托车。我今天在残联把它捐给了一位残疾人薛绍革。同时也给了另外两位残疾人—赵霁和张方贤每人500元。希望全社会都来关爱残疾人，关心他们的生活，也希望他们自立自强，创造他们自己的生活。

鞍钢郭明义 ✔   2011-5-3   15：57

　　刚刚去邮局，给湖南、甘肃、福建、四川、辽宁的孩子和贫困家庭寄去了 1200 块钱，当作一点零花钱吧。

　　氧气 77：人人都有爱心，可是付出行动的人不多。人人都能像你一样。那么那些山区的贫困家庭小朋友就不至于天天走那么长的路上学，吃的都是黄豆，没有青菜。

　　📱冯松宝贝：人人都有善的一面！但都不知道怎么去做这些事情！郭哥真是懂得大爱的人，他给我们起到了带头作用，我今天听到他的工友说只要谁要是没钱了，有啥困难了！一点都不犹豫地把钱全拿出来！我真没有那么高的境界，怕借完钱就不还了，向郭哥你致敬，我们想看到你的微博！通过微博我们知道你最近又做了些哪些事情。

鞍钢郭明义 ▼　　2011-5-8　15：12

　　在从武汉机场上飞机时，看到了一个坐轮椅的女同胞等待上飞机一同前往成都。我和同行的吴峥一起，还有一名飞机男乘员一起，将她抬上飞机。非常高兴，为残疾人做点事。

　　👤一只天空中飞翔的猫：远离世俗，奉献自我，追寻心中的图腾。"春风大雅能容物，秋水文章不染尘"此联乃清朝邓拓自题于书房的楹联，春风有包容接纳万物的博大情怀，文辞笔墨如秋水一般，不沾染半点世俗尘埃。这是何等气度，而郭明义的事迹就让我体会到了这种气度，这种清高，让我懂得了奉献的真正涵义。

鞍钢郭明义 ▼　　2011-5-11　14：57

　　在飞机上，我身边坐着一对60多岁的老夫妻，他们头一次坐飞机。他们像我的父母，特亲切。我细心帮助他们，使他们感到了旅行的快乐。我又帮助一位给飞机制造公司送专用陶瓷件老师傅，扛大箱，帮他上下飞机。特有幸福感。

　　👤春的彼岸花：加油，我们伸出手，自己奉献一小点，社会就温暖

一大点，哈哈～～～～

    梅花鹿 1020：我也有同感，助人的同时，自己的心灵也得到了净化。

鞍钢郭明义 V   2011-5-28   07：06

    董敬，谢谢您参加了捐献遗体器官眼角膜，并庄严地签上的自己的名字。同时，也谢谢您为四川音乐学院即将毕业的大学生，由于家境困难，弟弟又考大学，今年又不发货款，昨天您邮寄了 3000 元。今天，我又邮寄了 3000 元。她的学费够了！可以毕业，拿到毕业证了！谢谢您的爱心。

    红十字会神哥：虽然，我没有能力帮助那些人，但我的热心会一直为国内的慈善事业而跳动做宣言！捐赠人体器官是件神圣而伟大的事，我想应该毅然加入……行动……

鞍钢郭明义 V   2011-6-13   10：20

    无偿献血倡议书——让我们充分履行公民的责任，奉献一片爱心，在 6 月 14 日参与到全国各地的无偿献血活动中。捐献更多血液，挽救更多生命！您献出的每一份血液，都可能使一个宝贵的生命获得新生；您奉献的每一份爱心，都将为自己的人生写下新的光荣！

    陕西赵哲勋脊柱专家：回国后才看到这篇博文，但我仍然举双手赞成！以前我也曾献过两次血，不过那都是二十多年前的事儿了。其实作为一个生活在现实社会中的人，无论从社会责任感的角度，还是从品

德的角度，或是从人体自身的健康角度，适当的献血都是积极有益的。你今天奉献的爱心，将来也许还就回馈给你的亲朋好友或家人呢。

👤Monday-Morning：十年前第一次献血纯属好奇，想看看自己放掉200cc血会有啥感觉，可当我拿到印着无偿献血无上光荣的纪念水杯时，还真的觉得自己很光荣，原来我对社会还是有点用的。水杯拿回宿舍，同学争相传看，心里别提多开心了。从此便迷恋上了献血，也迷上了各种纪念品。貌似有点动机不纯。

鞍钢郭明义 ⓥ　　2011-7-21　13：42

　　刚刚结束了造血干细胞血样采集活动。来自于鞍钢矿业齐大山铁矿、齐大山派出所、市民、鞍钢、刚放假的中央财经大学的学生、本溪南芬铁矿的团委书记带队的团员、青年。还有从辽宁辽阳、台安、北京、沈阳。近百人赶来参加捐献血样活动的。

👤阿豆夫2011：我也参加了！呵呵，见到了郭明义，真好！希望有能与我配型成功的！

👤为两个女人活：青春永远是美好的，可是真正的青春，只属于这些永远力争上游的人，永远忘我劳动的人，永远谦虚的人。

鞍钢郭明义 ⓥ　　2011-7-24　05：47

　　郭明义爱心队员已经准备为事故伤者提供急需血液，已同温州血站取得了联系，待命。如需要有2种方式可提供血液：1. 在鞍山采集，送过去。2. 爱心队员到温州去。待命，谢谢爱心队员踊跃参加。

冯松宝贝：我们团队出志愿者要给伤者献血！！要多少人！我们有人！请批准！！！！！！

贵友工会：👍👍👍这情景让我想起了《为了六十一个阶级兄弟》这篇小学课文，时代在变迁，但国人的大爱精神永流传！

鞍钢郭明义 〽　　**2011-8-2　05：59**

朱兆胜：家住辽宁鞍山韩家峪村。在路边修车干活。儿子：13岁，患有先天性心脏病。郭明义爱心团队辽宁东北新闻网分队，付台长带头捐2000元。全台队员纷纷捐款共计13350元。昨天，东北新闻网分队游凯到沈阳陆军总医院将钱送到了朱兆胜手中，孩子已在昨天完成了手术，正在恢复中。

品位男人心：成千上万的劳模是我们这个国家和这个时代的宝贵财富，他们用信念奠定着这个时代的精神基石。

紫凝飞扬的青春：愿小朋友早日康复！

火龙果皮：想办法让孩子快乐才是真…可怜天下父母心！

鞍钢郭明义 〽　　**2011-8-23　22：24**

我的兄弟，我的矿工兄弟！你们手上的老茧就是矿山的底蕴，你们的脊梁就是矿山的灵魂。你们用爽朗的笑声，朴实的话语，辛勤的劳动，点亮了我的眼睛，让我坚定了前行的方向。我为你们歌唱，让歌声陪伴着你们，在蓝天和白云之下，在这片充满希望的沃土上，铸造火热的生活。

　　📷像一棵草：郭师傅改在晚上发微博了，睡这么晚，起那么早，工作强度那么大，注意身体呀！

　　📷西山放牧：老郭不是纯粹意义上的诗人，却出口都是心底里涌出的诗句，足以打动人心！

　　📷sxd撑伞的人：想感受朴实的产业工人请您走进矿山，那里会净化你的心灵，会让你感受到一个不一样的世界。

鞍钢郭明义 ▼　　　2011-9-7　08：28

　　每天走在洒满阳光的道路上，看到环卫工人在一丝不苟地清扫路面，公交车司机在一趟趟地运送乘客，交通民警在认真地指挥交通，送报工一家家地送报纸……我常常被感动。他们默默无闻，用辛勤的劳动支撑着家庭，服务着社会，他们很平凡，却令人尊重，现在社会上选秀那么多，但劳动者才是最美的人。

爱看你笑2006：被别人感动，也感动着别人。在点滴小事中感受爱，传播爱，就像一滴水折射整个太阳的光芒。但愿社会上的水滴越来越多，光芒越来越多，爱越来越多。

花雨圣芳：看后，我热泪盈眶！现在社会上选秀那么多，但劳动者才是最美的人。

闸北区公民警校：每个真实的人，每一个有梦想的人，都一样美，生命是不分岗位、地位、性别:)

　　👤山楂糖豆转发此微博：劳动最光荣　//@ 守株带 T：每名劳动者都应得到尊重。社会是由亿万劳动者构成的，他们是社会的脊梁！

鞍钢郭明义 ☑　　　2011-8-16　08：38

　　我还在矿山当采场公路管理员，还是每天早晨 4：30 起床，提前两小时上班，还是住在老房子里。我坚持献爱心没有变，也永远不会变，唯一变化是一年来越来越多的人加入到爱心团队，而且很多人是通过微博联络的，因为有了大家的支持，我们的爱心事业比以前做得更好了，做好事更成了我的一份责任。

　　👤分享精彩片段　榜样的力量是无穷的，我们要向您学习的太多了，在您面前，我们是那样的平凡渺小。郭师傅您也要注意身体啊，别太过于劳累了，大家希望您把爱心传递下去，有了您，我们更有凝聚力，向心力，动力。

　　👤olioli2006：今天去看了电影《郭明义》，觉得拍得很感人，艺术性也很强，结尾年轻人献舞那段很唯美、震撼，从镜头中看家乡鞍山的景色也别有一番滋味。请郭师傅证明给大家看，好人可以活得很快乐！

　　👤Nicole 萍萍：其实我还是一名大一新生，每每看到电视上有那么多的孩子没钱上学，再想想自己，沿海的孩子该多么幸福啊，我也想为他们做点事，只是不知道怎么去做，我现在能做到的就是在公交车上给老人让个坐，还有身边的一些小事，我会向你学习的。

鞍钢郭明义 V　　2011-11-8　11:57

　　今天是第 11 个记者节。向奔跑在工作岗位上的记者们送一句祝福，道一声问候"您们，辛苦了！"

　　分享精彩片段大团：虽然是记者节，但是今天记者也许是最忙碌的一天，今天下午听到新闻还说来着，很多记者都是这样没节没假的，在这里向我们辛辛苦苦工作在一线的新闻记者祝以节日的祝福！

鞍钢郭明义 V　　2011-9-6　06:59

　　帮助别人应该成为一种习惯。当看到大爷、大妈摔倒，我们应去扶起。因为那是生我们养我们的爸爸妈妈，没有他们，也没有我们。我们应常怀感恩之心，常想别人对我们的好。常看别人的难处，搭一把手，让一个座，给同事、亲友、父母一个微笑，这是我能够做到的，为什么我不做呢？做吧！生命短暂，爱心永恒！

疯狂的草原狼：其实互帮互助是这个社会应该具备的基本精神，人心不可欺，爱心更不可欺，希望别有用心的人不要践踏爱心。

金文礼 Lara：鹅有个建议，您可以成立一个爱心帮助基金，对那些做好事反被诬陷的好人给予经济上的支持，这样，英雄们也不会因为做了好事反而自己利益受损而伤心了。

爱心联队球团二厂分队：回复 @二月知道：莫以善小而不为，更不能害怕被碰瓷就不为，我想这样的人毕竟是少数，大多数的人面对善举，怎么忍心诬陷呢，我仍然坚信人间处处有真情。

北京张丽军律师：在保护好自己的情况下，还是要做好事的！ //@laser：要有一颗感恩的心，不能忘记中华民族的优良传统，好人自有好报！

鞍钢郭明义 ❰ 　　2011-9-5　11：19

　　早上，收到了一名我和爱心团队资助过的学生的来信，说他学习成绩提高了，在新的学期要更加努力学习。看后非常高兴。我想以我个人的力量，难以从根本上改变那些贫困家庭的生活，但至少可以让他们感觉到有人在惦记着他们，感受到社会大家庭的温暖，如果能够帮助他们走出困境，更是我梦寐以求的事情。

　　👤疯狂 de 饕餮：我觉得帮助人的感觉很不一样，比自己领工资都要高兴，如果有可能我以后要去当一个慈善家。

　　👤祖上曲阜：滴水汇成河。相信在你的精神感召下，一定会有更多的人投入到奉献爱心的行列中来，也一定能帮助更多的人走出困境。

鞍钢郭明义 Ⓥ 　　2012-1-13　17：05

　　这是大连理工大学"90后先锋连"全体成员：18名学生、1名老师。孙壮老师领着他们今天从辽宁省各地汇聚到我这里来，进行了座谈。富有朝气的青年学子，同我一起参加了郭明义爱心团队鞍山钢城爱心分队成立仪式，他们不但为3个贫困家庭孩子带来了水果、学习书本、笔，还主动为3个孩子捐了助学金760元。

    🔲职工报刘然：90 后更应该懂得知恩、感恩和奉献，期待"先锋连"的同学们为郭明义爱心团队的温暖行动再添一把火！

    🔲爱心联队球团二厂分队：转发此微博：好特别的旗帜，有创意！

    🔲像一棵草：90 后也不都是社会上评论的那样，他们也都是好样！

    🔲志愿者先锋韩伟：🍼好可爱的 90 后啊！

    🔲刘睿 Frayy：转发此微博：俺也是 90 后，向他们学习！

鞍钢郭明义 🅥　　2011-10-7　06：09

    早晨好！今天您微笑了？这两天，休假在家的老伴同我整理了家里的一些衣物，一共 14 件。冬天要来了，贵州山区上学的孩子，穿的比较

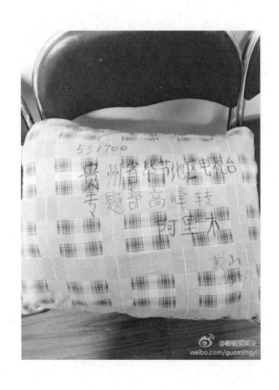

单薄。寄给远在贵州的阿里木，由他送到孩子们手里，入冬之前，各地的爱心团队，道德模范会陆续地将衣物寄给孩子们。

　　🔲吉林傅华：明义老弟，心里总是想着他人，令人感动！这就是一位普通共产党员高尚的思想境界！值得人们尤其是那些党员干部们学习！

　　🔲开心冷哥：今天，铁工工区郭明义爱心联队职工，把从家里拿来的整齐的衣物，邮给了贵州毕节地区的贫困山区的学生，让他们过一个温暖的冬天。

　　🔲泪奔的马桶：老郭，第一次认识你是在去年的公务员考试的申论资料上，你的那些事迹也是因为那次考试才了解的，虽然那次没考上，但之后一直都在微博上关注你，被你的行为所感动，支持你，同时也勉励自己。

　　🔲琪萌萌：最近也找出一些不穿的衣服，再向同事、同学征集一些。

　　🔲丫头郭郭：大哥好，能把贵州阿里木的地址发给我吗？我们也想给孩子们寄些衣物。每次看到你的故事，都特别感动，也会被你的力量感染…希望大哥在忙的同时，也要照顾好自己的身体！我们永远爱您！

鞍钢郭明义 ▼　　2011-10-26　18：45

　　第三届道德模范郭明义爱心团队在行动。刚刚接到福建省刘丽的电话：她在网上发起的为贵州山区孩子捐助过冬衣物的行动，得到了广泛响应，目前筹集到了650件全新外套，2000副棉手套，还有数以百计双鞋。计15吨，在本周日启运，运费由孙东林支付。谢谢他们无私地付出、奉献，看孙东林笑得多开心。

    蜜思然：温暖别人的同时，自己也感到温暖，这个就是爱吧。

    Rita 陈泳如：郭叔叔，刚刚又看到你感动中国的画面，我真的真的很感动。谢谢你。你是个好人。还有，加油！

    丁焘：郭叔叔，谢谢你们，我就是贵州的孩子。谢谢你们为我们贵州的孩子带来了那么多的温暖！

    天涯—2008：看了你的微博总是让人觉得很温暖，这么多有爱心的人，让我们看到了社会向善的一面。

鞍钢郭明义 Ⅴ   2011-9-4   06：00

    昨天下午，鞍钢股份公司鲅鱼圈钢铁分公司热轧设备作业区成立了郭明义爱心团队，队长田雨，带来了全体队员为北京交通大学身患白血病大学生捐款 2200 元。微友：田雨，期待这一天，成立团队，奉献社会。爱心队员，中铁大桥集团有限公司董事长：刘自明将自己的差旅费 1220 元，也捐给了这个孩子。

范诗程博：现在的社会很需要爱心，很需要像郭师傅这样的一群或更多的人，来感化和扭转一些东西。你希望别人怎么对你，你就怎么去对别人！你想要得到别人的爱，就要先付出您的爱！爱多了，社会就好了！说的不一定对，您自己去理解！

千万记着我：我是千山晚报辽阳分社的记者，在我们辽阳也有一个团队（主要的人隶属于房管所，有几百人），感动于郭明义的精神，想成立郭明义爱心团队，帮助其他人。

鞍钢郭明义 ♥　　2011-10-23　15：18

刚到北京，顶着冬季的第一场小雨，前往北京交通大学患白血病于永山同学和他母亲在北京的临时住地。将爱心团队捐赠的 10000 元，交给了于永山。外面飘着小雨，室内却充满了浓浓的暖意。他母亲给儿子捐造血干细胞血样已经送去检测，母子俩正在等待结果。如果配型成功，我将和北京交大师生们一起为他筹钱。

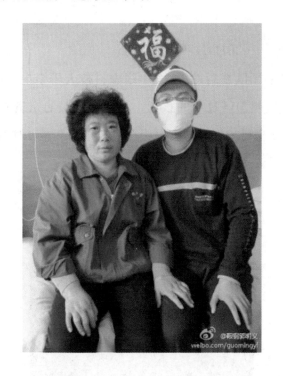

👤Mint 李小艺：祝福他早日康复　他一定会好起来的！因为有这么多人帮助　叔叔你真棒！我们老师正在给我们播你的事迹　好感动！叔叔　相信在大家一起努力下　一切都会好的

👤守株带 T：这是个不幸的故事，但幸运的是许多像老郭一样的好人对他们伸出了援助之手，送去了爱的温暖。祝福他早日康复！

　　👤beatbox 老六：我也想捐钱，可我还没工作，等工作了我也要像郭明义一样，郭明义，明，光明。义，正义，他就是光明与正义的化身，点燃我们心中良知的火焰。

　　👤贵友工会：郭大哥雪中送炭啊👍希望配型成功，祝福他们母子🖤

　　👤幽兰出鞘：老郭我真佩服你，你都快成超人了。

鞍钢郭明义 🅥　　2011-11-14　12：11

　　郭明义爱心团队在行动：刘睿：辽宁科技大学学生。他把自己的衣服全部捐给了贵州山区过冬的孩子，当爱心队员北京贵友大厦的董静，知道他为了孩子自己一件过冬衣服没有时，给他买了一件合身的羽绒服。可刘睿却把温暖爱心送给大一孤儿贫困学生身上，他又买了一双新鞋给

他穿上，孤儿感受到了温暖。

　　睡着的水 zhuxq：还有多少地方需要衣物的？我和同事们收拾出来好多，都洗干净了，也有新的没穿过，希望尽快寄出去，这天越来越冷了。

　　文似清泉：这就是我最可爱的学生，"郭明义班"骨干成员，"暖风"——校郭明义爱心支队办公室主任，校三好学生标兵，辽宁省政府奖学金获得者，被誉为"郭明义式"的大学生——刘睿同学。我为拥有这样一个富有爱心、富有奉献精神的大学生感到无比的骄傲和自豪。

鞍钢郭明义 ✔　　2012-3-21　06：45

　　向你敬礼！受人尊敬的人：雷锋班战士。离开雷锋的日子，你们以顽强的意志、信念，走雷锋道路，践行雷锋精神。体现了党的宗旨、人民的意愿，崇敬你啊！因为你们就是雷锋！热爱你啊！你们像雷锋那样，

扶老携幼，帮助困难群众。雷锋班、雷锋连、雷锋团，千万个雷锋战士
在成长！如雨后春笋般地！

👤南通市通州区城管局团委：向你们学习！敬礼！

👤Long-sir 袁：新时期的雷锋，我们都会争做雷锋传人的！

鞍钢郭明义 V　　　2012-6-5　　08：39

　　周晓丽是浙江义乌千万富翁的女儿，10 年前她抛开赚钱的生意不做，
卖掉机器腾出厂房创办脑瘫康复部和育智教育中心，陆续接收 900 余名

智障脑瘫儿童，其中大部分困难家庭孩子都是免费治疗。她以慈母般的爱心把最美的青春奉献给患儿，让许多患儿开口说话、重新站立。虽是富二代，但善良不会因为金钱而改变！

    WO在努LI：明义叔我能成为你爱心团队的一员吗？

    高山流水到塞外：郭师傅，钢铁汉，不知一天要干多少有益的事。😁

    白云山的小屋：精神也是综合国力的重要组成部分。

鞍钢郭明义 ▼　　2012-6-10　19:46

生命的托举　看到了　看到了危险的一刹那　是托举哥　一位不远千里　来到这座城市　寻找工作　路过这里　却遇到了这惊险的一幕　没有迟疑　没有犹豫　也没有豪言壮语　孩子就在那里　拔腿就跑　上楼攀爬托举　为孩子的生命注入了新的生机活力　谢谢你啊　来不及表达倾诉　转身　却不知道你在哪里　见到了你啊　朴实的托举哥

    碧海蓝天爱传万家："慈善"不是富人的专利，每一个人只要拥有一份爱，都可以伸出手来帮助他人。

    懒人路易：爱就是在需要的时候肯伸出手。

    野渡泊舟：人存善念，天必佑之。

📱惭愧渺小的我：做事情，发自内心的动机很重要。富豪数亿资产的布施，未必比乞丐一元钱的布施功德大。我觉得，郭大叔的确是我们后生学习的好榜样！

鞍钢郭明义 🅥 　　2013-4-21　20：14

　　雅安让我再次感动：宝兴县一个男孩把节省下来的水，送给救他们的救援队员。数百名十六七岁的芦山县高中学生自发帮搬物资清扫垃圾。救援人员把帐篷让给灾区群众，披衣在路边相偎过夜。一位收废品师傅为灾区捐款400元……天灾面前，人类是那么渺小，但我们守望相助，坚强面对，举国同心，定能共渡难关！

　　 像一棵草：为他们祈福！

　　 歌谣 sun：为雅安祈福，为四川祈福，为中国祈福。

　　 单车桐乡风：雅安，318 线上一个美丽的地儿，加油！

　　 乞力马扎罗山 1796：您的团队有没有计划近期前往灾区救援？我想过去献自己的一把力量。

　　 什么是 crossover：我坚信，你会挺住，可爱的人民。

鞍钢郭明义 ▼ 　　　2013-4-22　　20:04

　　四川雅安"黄金救援 72 小时"已进入"后半场"，不抛弃、不放弃、不添乱，政府、社会和志愿者共同力行，最大限度挽救生命。从雅安灾区目前的汇总情况来看，帐篷、食品、水、药品、卫生纸等物资都面临着较

为严重的缺乏。请大家帮转,扩散给所有志愿者及计划捐赠者(人民日报)。

　　淑配在微博:天灾无情,人有情。雅安,加油!

　　热心大叔 2011:亲情与同袍情,在危困之中,是舍生忘死、舍己为人的精神动力,是中华民族不屈不挠、患难与共的精神!

　　风之子 _73033:齐心共渡天灾!!

鞍钢郭明义 V 　　2013-5-28 　19:06

　　昨日大连刮风下雨。中山交警在执勤时,发现有许多小朋友看完电影后正往外走,准备乘大巴回幼儿园,老师在用塑料布为孩子们遮雨。交警们上前帮忙撑起雨布,为孩子们建立一条无雨通道。民警问小盆友

们开心么？她们奶声奶气地回答开心！好有爱的民警黍粟，这就是爱！正能量！@新华网 @Elaine伊水街晶晶

　　👤发明人臧乘誉：我常常看到了你啊　难以忘记你　因为你是雷锋　永远留在我心里

　　👤鲤鱼姥姥：学雷锋，学郭明义，人人学雷锋，共建雷锋城....

鞍钢郭明义 ▼　　　2013-9-20　09:53

　　在现场同工友过中秋，感觉特别愉快。持鞍钢集团团委送给一线职工的2盒中秋月饼，2箱南果梨，我已经送到了夜班岗位上的铅钻机，推土机，电铲司机，设备检修人员，办公楼门卫手里。设计安排了1#，3#，

9# 铲的铲位支线道路的铺设路料。

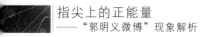jn 城隍庙：辛苦了。假日里在加班吗？

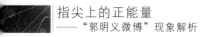奉献爱心的 70 后孙宝江：郭大哥好样的！

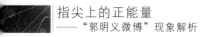快乐之父刘汉洪：过节好！

说错就错：一线劳动者更应值得尊敬！

农民知识人：好辛苦的郭老师团队，向你们致敬！

渴望奔跑的小女孩：中秋节快乐🎀

鞍钢郭明义 Ⅴ　　2013-9-20　20：13

"捐4千汇4万"。大家还记得春晚小品《捐助》吧，赵本山演的农民捐款时多按了一个0。几天前河南郑州上演真实版《捐助》。热心公益的市民用微信呼吁为一位4岁患白血病小女孩捐款，蒋晓菊要和丈夫一起捐献4000元，但通过网银转账时疏忽多加了个0。但他们将错就错，称"这是缘分"不愿要回多捐的36000元。

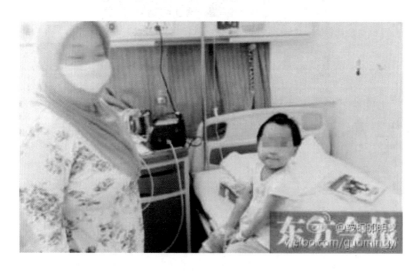

我是徐建锋：正能量！愿正能量永存！👍🖤

     刘丽 LL：这是一种永不消逝的大爱！

鞍钢郭明义 Ⅴ　　2013-12-3　09：42

    12月2日9时许，在沈阳市五爱街附近，一辆公交车在转弯时不慎将一名19岁的女孩卷入车轮下。公交车压在女孩身上，她表情十分痛苦丝毫动弹不得。在这危急时刻，五爱市场的业主及路人百余人倾力相救。当时大家都跑过去帮忙，有的在后面根本伸不进去手，围了好几层。公交车终被抬起，女孩得救了。

     老兔耶：爱心聚，泰山移，何况一车乎。

     美人 xinxin：👍好人有好报，女孩好幸运！好好珍惜生命回报社会！

鞍钢郭明义  2013-12-10 20:00

  十年前，河南小伙儿来青岛市城阳区打工，他义务为老人服务，连续六年一直坚持做公益，为千余名老人免费修脚，有老人的子女过意不去特意带上水果表示谢意。除了给来足疗店的老人修脚，他还经常往敬老院跑。在他的影响下，足疗店里的其他工作人员也参与进来，空闲时和他一起参加敬老活动。

  吉林傅华：中青年人多为老年人们做点什么，好！人都有老的时候，敬老爱老是中华民族传统美德，我们要继承这个传统美德，要光大这个传统美德。河南小伙儿不错，事迹很感人，值得人们学习。

  春暖花开 ctt：河南小伙儿赞一个！🖤

  志愿者 spring：哪里有爱哪里就会有奇迹！

鞍钢郭明义 ▽ 　　　2013-12-11　　18：59

　　成永秋是四川南充市蓬安县的一名乡村医生，年少时父亲患重病家

里变得一贫如洗,从此便立志要学医,免费为穷人看病。终于如愿以偿当上了乡村医生。他经常免费给五保老人和贫困群众看病,这一看就是40多个年头。如今,66岁的他已不像年轻时那样稳健,但他依然坚持着自己的信念,奔波于乡村小路间。

为了明天 V:用一生来恪守一句免费行医的诺言。赞!

马海峰 110:理想和信仰是一个人必需的,再加上爱的力量和一颗良心这个人就是完整的。

鞍钢郭明义 V   2013-12-15   13:07

今天杨东文和他的辽宁省人体器官捐献办公室人员,开着他们的宣传车从沈阳赶来宣传。然后他们赶往海城,岫岩,海城。看望遗体器官捐献者。

千喜千喜:让爱的接力一棒一棒接下去!

木琉葭:好人一路平安!

鞍钢郭明义 V　　　2013-12-27　19：39

沈阳不讹人大爷王福顺被授予文明市民称号。12月19日早晨他被

骑电动车的年轻人撞倒，自称有医保，让肇事者赶紧去上班。事实上，他是名月薪 1750 元的保安，根本没医保，甚至连养老保险都没有，善意的谎言只是为了给撞人的小伙子解围。他的宽容引来了数万网友点赞，成为寒冷严冬一抹感人至深的温暖！

骑行者吴泽安：正能量因大爷而传递，社会会因有这样大爷的人而变得更加美好！

手机用户 3121713071：谁说社会没好人，向老大爷致敬，向正能量致敬！

chuxian912632165：要是都像这位大爷不讹人，我相信都会去扶的，那么这个世界就会变得更加温暖，人与人之间就不会变得冷漠无情。

二、微笑绽放

鞍钢郭明义 ▼　　2011-3-25　15:53

"微友"您好！ how are you！今天是一个值得记住的日子，我开始融入这个群体，同"微友"一起分享阳光、温暖、力量、快乐！谢谢！

biG 奥：欢迎老郭。

黑眼睛哥：老郭，你做了这么多好事，敬佩！

东北逍遥客：当助人为乐成为了一种习惯、一种本能之后，留给我们的可能已经不仅仅是感动了，而是对心理的一种震撼，一种灵魂的洗涤。

    🔲抱小兜不要被晒黑：老郭，我们敬佩、敬仰你，因为，你能从世俗享乐中解脱出来，忽略物质消费层面的满足，追求精神投入的幸福。

鞍钢郭明义 ▼   2011-4-1　06:26

    想起父亲，重读我曾经写过纪念父亲的文章《父爱如春》，心中充满了温暖。父亲总是用他自己的行动感染着我，给我无微不至的照顾。想起了父亲，我更应该照顾好身边的母亲。

    🔲悄悄说二句：有机会秀秀《父爱如春》，好想拜读哦

    🔲万言不值一杯水：身教重于言教，很多父亲都是这样的。

鞍钢郭明义 ▼   2011-5-4　14:02

    今天是五四青年节。对于一个 53 岁的我来说，那应该是回忆的岁月。但当我同我们村里的年轻人在一起的时候，我仿佛又回到了，那让我为一件事心跳不已的岁月。还好，今天！我看到了年轻人，为了祖国，人民而努力拼搏，报效养育她的土地所迸发出的激情，令我欣慰。青春万岁！祖国的明天属于您们。

    🔲水灵儿 829：在我们心中，您永远年轻，因为您的不知疲倦，因为您的到处奔走，因为您有一颗年轻而火热的心。

    🔲横笛斜雨心情不错：53 岁的您，虽然不过青年节了，但可能会影响中国的一代青年人。如果每个青年人都向您学习一个优点，我们的社会会更加和谐。

🔲红勤实健_鹏腾：回复@鞍钢郭明义：郭叔叔，您这么热心地回复我，我很感动。其实我只是一个高三学子，您不必使用"您"来称呼我。只是最近老师说写作文最好写郭叔叔您的，真的！说高考写郭叔叔作文肯定得高分。我写了几次，得高分哦。

鞍钢郭明义 ⍦　　**2011-5-5　09：55**

为省学联的年轻人作报告，早早来到工会大厦，看到会场已经布置好了。好大的一张照片，是我在采场的工作照。现场都是年轻人，看着他们朝气阳光的脸庞，我的心中充满了温暖。

🔲茉香奶绿lizzy 回复@鞍钢郭明义：郭叔叔　怎样才能邀请您到我们学校的研究生群体中来呢？

🔲Cissy_莹：郭叔叔，今天在会场听了您的事迹　感动的我流了好几次泪！一次次心灵上的触动　使我们这些新一代的青少年们会变得越来越好！

希波克拉底与法：郭叔叔您好，我正在现场听您的报告，多次眼睛湿润了，但我没有落泪，作为一个男人，作为一名党员，我要用行动像您一样，为社会做出贡献！我会努力学习，不辜负党，国家还有您对我们的期望！

鞍钢郭明义 ▼　　2011-6-16　18：40

　　向所有遗体器官捐献志愿者致敬！好人必有好报，让我们一起祝愿：胡大姐和张师傅的愿望能够早日实现！

@nzy 共青情怀：这是武汉市遗体捐献者纪念碑，底座镌刻有哲人的诗句。纪念碑名为"生命之光"，象征着捐献者的精神天长地久，万古流芳。在纪念碑背后4块的铭牌上，镌刻着从2000年至今，385位志愿者的姓名。而王明博，正是第385位。看着儿子的名字，胡大姐和张师傅出奇平静，没有泪水，没有哭喊，一遍遍地抚摸....

风神05：关心他人的痛苦，是人性的闪光，良知应该是人的本性。

鞍钢郭明义 ✔   2011-6-27 14:55

我是一名共产党 我知道自己 应该做什么 不应该做什么 去做人民需要的 人民想着的 哪怕是微不足道的 或许 人们常常要问 为什么要这样做 我的回答是 党让我这样做的 为党争光 为党旗添彩 是我的事业 我的生命 是任何力量所阻挡不了的 这 就是我为什么要入党 我是一名党员 让老百姓能看出来

　　木絮紫:"因为是共产党员,去做人民需要的……"真希望所有共产党员都能向您那样,在平凡的岗位传递不平凡的爱心!

　　清新_x:响当当、标杆式的共产党员——郭明义!

鞍钢郭明义 ✔   2011-7-19 04:30

昨晚,给长期资助的一个孩子打电话。她中考成绩比平时低几十分,不够重点线,很灰心。我说,一场考试并不能决定一生的命运。振作点,在普高一样可以学好。你放心,你念到哪,我就供你到哪。

　　维-伊:高学历代表不了你就是个成功的人,低学历也不能阻挡贡献爱心和力量的决心。

　　一只天空中飞翔的猫:同意,榜上无名不代表脚下无路。

鞍钢郭明义 ▼　　2011-8-1　05：41

　　今天是"八一"建军节。是令人难忘的日子。34 年前，19 岁的我，来到了部队。5 年的部队生活，使自己从一名学生，成长为一名战士，一个共产党员。今天，特别想念战友，想念不知在何方，做什么的战友！您们现在还好吗？想起当年的岁月，一起想念家乡，执行作战训练任务。向您们敬礼了！战友。

　　▣ Avalon_D：你这张照片是汽车教导队 5 班的战友，我认出了崔涛，我是 4 班的。

　　▣ 段 2 宝：转发此微博：向您致敬，去年我在哈尔滨当兵的时候去过您的事迹报告会，很感人！

　　▣ qxxcxyk：我们单位有个同志是郭明义战友，说他在部队就实在，总干活，看来，郭明义真的不是一天两天的。

    ■横笛斜雨心情不错：部队真的是塑造人的大学校，有老郭这样的兵，就是最好的例证。

鞍钢郭明义 ▼　　　2011-9-13　07：07

    早晨好！今天您微笑了吗？让微笑伴随着您，工作、生活都会愉快的。在洒满阳光的秋天里，收获希望、梦想，还有在春天里播下果实。喝一杯，用整整一年时间，融了自己青春、热血、汗水和智慧而酿造的美酒，品尝亲手种植的果实，多么欣慰、自然，而笑容会自然而然地从您的身上、脸上，流淌出来。

👤演员回力：老郭，你的心灵很纯净，也很浪漫！我女儿经常在我不开心的时候对我说，"今天你微笑了吗？"呵呵，她很会哄人呢。

鞍钢郭明义 ✔️　　2011-9-6　09:25

有人问我对"碰瓷"老太太事件怎么看，我说即使可能会遇到"彭宇"案那样的情况，我也会帮，我想还会有很多人仍然会帮，另外，还需要我们的社会从法律保护、社会保障、道德建设等多方面进行努力，让见义勇为者不再流泪，共同培育适合好人生长的土壤，我相信血总是热的，人心总是暖的，您说呢？

👤予撇1814165271：郭先生说得好啊！我来说说，我们都是生长在同一片（草原）上的慧根，传承的是（家园）同样的美好的传统美德！在这样一个大文化氛围中，确实须要更加好的完美的法律保障和道德支撑！不断让社会成为一个充满爱充满和谐的大家庭！

此致敬礼

👤博先锋：支持。不能一个老太太摔倒，整个民族都纠结。

鞍钢郭明义 ✔️　　2011-9-11　13:08

很多媒体都要来采访我，我请他们多采访身边那些献出爱心的人们，这些可爱志愿者们一直都在帮助我、鼓励我，而且好多受过帮助的人在渡过难关后，都在用实际行动感恩社会，一起再去帮助更需要帮助的人。一个人的力量再大也是微不足道的，只有人们都行动起来，献出自己的爱心，才能真正改变我们的生活。

👤吉林傅华：一花独秀不是春，百花齐放春满园。

👤盖壮微博：我很敬佩老郭这种精神，每次在节假日的时候，他都会牺牲自己的假期，让其他工友跟家人团聚。由此，我更钦佩默默支持这么久的老郭的家人（妻子、孩子、父母）。当别人家都团聚在一起吃月饼赏月的时候，唯独老郭家确少一人。这是什么精神！

鞍钢郭明义 ✔ 2011-9-12 14：46

　　有人说我图的都是虚名，对此相信了解我的人都会不认可。身边的同事、工友都知道我30多年一直都在这么做，就连当初笑我是傻子的人现也和我一起为公益事业做贡献。有没有所谓的"名"我都会坚持下去。如果这个"名"能让更多的人加入到爱心团队中来，能让更多有困难的

人得到帮助，我愿意要这个"名"。

税务干部 2011：对您的行为只能是尊敬加佩服向你致敬！

悄悄说二句：指责您图虚名的人才是扯淡呢，试问有哪个人默默奉献 30 年就为图虚名，他这样说要么是不知道郭师傅的事迹，要么就是哗众取宠罢了。不要理会这种人，坚持做自己的事，坚定支持您！

谷神星 -11：心底认定做什么是对的，就做下去，管别人说什么呢。这世界上有千万的别人，却只有唯一的一个你。你是好样的，从心底赞一个！

付容想去热带旅游：我相信你！所谓虚名，当然是虚的，有谁会为此而牺牲实实在在的物质享受呢？只会是为了追求更高层次的精神享受。因为帮助人真的是一件有意义且能传递幸福的事！

飘渺的音韵：孔子也有名，但天不生仲尼，万古如长夜。感谢您的有名，让我知道世界上有您这样一个了不起的人。向善、向光明、做一个有用的人！只要您还坚持，我便不放弃。郭师傅，中秋快乐！

刘峰源 riddick：扪心问问自己，做不做得到任意一件您曾经对社会做出的贡献，就知道您是不是为了名了。我自觉惭愧做不到那样伟大，但我至少尊敬您并向您学习，愿意从小事做起！

鞍钢郭明义 ▼   2011-10-1   05：51

今天是您的生日！我的祖国——我的母亲。带着故乡泥土的芳香、还有梦想，来到了天安门广场。这里是祖国诞生的地方，也是生我养我的故乡！几回回梦里见到了您啊！祖国母亲：激动啊！欢呼啊！满含热泪触摸着您、拥抱着您、亲吻着您！今天，同党和国家领导人、全国首

都各界劳模，向人民英雄纪念碑敬献花篮。

　　卷毛的外公：你早啊！郭明义战友，国庆节快乐！向祖国母亲和生我养我今年一百岁的老母亲问好！

　　谭学鹏：郭哥早安，祝愿祖国母亲生日快乐，祝愿世界和平安宁，祝愿所有的人都能安居乐业，平安吉祥……

鞍钢郭明义 ▼　2011-9-18　06：46

　　今天是"九一八"事变 **80** 周年，上午 **9** 时 **18** 分将在沈阳"九一八"事变纪念馆前撞响警世钟，全城拉响防空警报，所有汽车停驶鸣笛三分钟。祭奠"九一八"是为了让我们和子孙后代永远不忘国耻，让我们整个民族深刻反思历史，自尊自强，团结一心，奋发有为，实现国家强盛繁荣，永远不受外侮欺凌。

    吕科：九一八后，东北成立了抗日义勇军，著名的《义勇军进行曲》就是我们现在的国歌。国歌的歌词为什么不改？就是在时时提醒着每一个中国人：起来，不愿做奴隶的人们，把我们的血肉筑成我们新的长城，中华民族到了最危险的时候，每个人被迫着发出最后的吼声，——我们万众一心，冒着敌人的炮火，前进！——

    守株带T：刚刚鞍山拉响了3分钟警报。心潮澎湃，思绪仿佛回到那个战火纷飞，国家受辱的年代。牢记历史才能有更好的未来，珍惜现在不要虚度光阴，中国人为祖国更加繁荣富强努力奋斗吧！

鞍钢郭明义 ▼　　2012-6-15　22：12

    这是一个时刻　一个伟大的历史时刻　这是一个交会点　历史上　太空中　大地上　永恒的交会点　天宫1号啊　准备好了　期待

着　盼望着　嫦娥的飞来　神州9号啊　矗立着　像雄鹰　像腾飞的中国龙　带着中华民族的希望　还有祖国人民的期盼　载着嫦娥　载着英雄　飞向浩瀚的宇宙太空　去寻找天宫1号啊　这是英雄的对接　嫦娥的约会

　　🧑吕科：世界就像一面镜子，你对他微笑，他也会对你露出笑容。说得多好啊！

鞍钢郭明义 ▼　　2011-5-6　21:08

　　父亲：离开了我，已经很久很久了！时常想起父亲一生的坎坷艰辛。年轻时，要奔波辛劳，同爷爷一起抚养3个叔叔、2个姑姑。父亲结婚后，又有了我，还有2个弟弟1个妹妹，直到去世，还惦记着我、还有兄妹的生活。父亲留给我最大宝贵财富是，他在生前，勇敢地跳进水井里，救当年知青。父爱如春，记住父亲。

　　🧑雪中芭蕉12：报纸上知道了你，春晚上认识了你，向你学习，向你致佳宁虚步蹑太清：郭大哥过年好，给您和春节期间坚守工作岗位的工友们拜年了！

　　🧑天涯海阔天空：石油工人支持郭大哥！辛苦了！注意保重身体啊。给郭大哥拜个年，愿您龙年大吉，万事顺意！

鞍钢郭明义 ▼　　2012-6-17　12:49

　　走在父亲曾经走过的矿山道路上　干着父亲曾经在这大山里干过的活　没有怨言　也无遗憾　备感亲切自然美丽　是啊　每天同工友们重

复着 似乎单调枯燥的道路设计施工维护工作 我也不是一个孤独的行者 似乎每天都会看到父亲的身影 还有音容笑貌 同下夜班的拖着疲惫身躯 站在阳光下 露出灿烂微笑的工友一起劳作着

刘少奇纪念馆讲解员陈艳：我们永远学习的榜样！

小妮开心快乐：支持你！做好事问心无愧！

鞍钢郭明义 ▽　2012-10-30　11：06

光荣啊！曾经团干部的我，特邀参加了鞍山市第17次代表大会开幕式。看到了青年，看到了祖国的未来、民族的希望！那一张张洋

溢着青春活力的笑脸的团员、青年们，在阳光照耀下，闪烁着永恒的
光芒！

以大爱的名义：我会像您那样，以一个普通的教育人朴素的教育
情怀，关心更多的孩子。

鞍钢郭明义   2012-11-4   14:20

　　早早地赶到了采场，看到了熟悉的道路，还有可爱的工友。安排了
推土机将昨夜生产的 10# 铲窝、5# 铲窝、还有支线推平，为中午、下午
生产做准备。怀着依依惜别之情，明天将离开热恋的矿山，到沈阳同辽
宁省十八大代表团一起前往北京，参加中国共产党第十八次代表大会。
带着工友的嘱托、百姓的期盼。

鞍钢郭明义 ▼　　2013-3-8　14：51

上午忙完采场道路抢修，下午到鞍山殡仪馆送别张峻老人。人们不能忘记他的伟大的贡献，那就是，张峻作为沈阳军区工程兵政治部宣传助理员，用相机见证了雷锋成长过程，使雷锋——这一伟大的共产主义战士的形象，永久地屹立在全世界人们的心中。张峻老人，走好！

　　XNNL黄鑫：雷峰，我们的英雄；郭明义，我们的榜样！传递爱心，让世界变得更美好。

　　公益至上：郭师傅坚持走自己的路，把雷锋精神发扬光大

鞍钢郭明义 ▼　　2013-9-2　07：48

走在洒满阳光的矿山上 敞开胸怀　拥抱自然　亲吻阳光　触摸生命　那生命的力量　创造的活力　矿工释放的激情　在涌动　在进

发　把理想　激情　活力　梦想　融进那爱恋的矿山　沸腾的矿山　我
爱你　矿山　故乡　母亲　没有你　就没有我　血液里　流淌着激情澎
湃　夜里　常常呼唤着你　离不开你啊　啊这是意志　信仰　信念的坚
强无比

鞍山市审计局：正能量

嘉宾王叔叔：做好事。有时就是给心灵在充电！

鞍钢郭明义 ⅴ　　　2013-9-14　08：02
　　秋天的花　也不会失去那娇羞的容颜　向人们展示那自然　纯
朴　本真的美丽　给人以生命的活力　告诉活着的人们　一切都会过
去　抓住瞬间的绽放　在那被爱情遗忘的角落里　坚守信仰　释放给

予　奉献生命的辉煌　静静的　悄悄的　在这片温暖的土地上　开放
着　爱的温馨　美丽　做一朵花吧　坚定着你爱的承诺　爱的阳光微笑
幸福

🔲大连常无心：这首诗写得真好。

🔲读书人司胜平：生命需要热爱，让我们每天心里都开着一朵
小花！

鞍钢郭明义 ▼　　2013-9-18　19：35

　　每年　都在这　皎洁的月光下　或思念　或歌唱　为远方的情人　亲
人　朋友　爱人　家人　倾诉久远的思恋　爱恋　虽然远隔　千山万
水　也难以阻挡　这人类爱的力量　你在老槐树下　等待又等待　我在远
方思念又徘徊　你永远不再来　我永远在等待　人有悲欢离合　月有阴晴
圆缺　此事古难全　但愿人长久　千里共禅娟　海上明月　在此时

鞍钢郭明义 ▼   2013-9-25   11∶08

　　道德的行动　道德的力量　撑起中华民族的脊梁　在中国这片多情的土地上　让我们流泪　激动　感动的草根英雄　恰如那阳光　那雨露　温暖着　那需要阳光　需要雨露　需要温暖　帮助的人们　他

们的精神力量　在涌动　在闪耀　引领我们前行的道路　踏实地走在山间的　乡村的　城里的道路上　走进了他们　感受道德力量　去做这样的人

　　🧑小牛回眸微微笑：道德力量是无形的也是无限的。道德模范事迹告诉我们，生活中离不开道德，道德的力量也是身边的点点滴滴，道德的行为并不都是高不可攀的。每个人都可以力所能及地去参与、去弘扬，贵在坚持、贵在有心。

　　🧑白云破晓：任何微小的细节都足以撑起或毁掉道德的堡垒。要谨记从细节做起，由己及人。

鞍钢郭明义 ▼　　2013-12-14　09：01

　　信仰是什么　是井冈山上的　漫山遍野盛开的红杜鹃　那渗透着烈士鲜血的红土地　鲜血染红的红杜鹃　是那样的红　那样的亮　恰如每天升起的太阳　光芒万丈　引导着人民前行的道路　你还要问我　信仰是什么　是人不为己天诛地灭　是酷刑　是流血的头颅　是清贫洁白朴素　是金钱　是美女　你能挺过去吗　你信什么　什么就是信仰

　　🧑鸵鸟亲故：有一种大爱叫郭明义！叔叔，加油！

　　🧑热心大叔2011：每个人都有自己的信仰，有的信仰重于泰山，有的信仰轻如鸿毛。

　　🧑沙场红尘：信仰有高尚低下之分，高尚的信仰可以激发个人的热情和人生的动力，人的精神面目会积极向上；相反，则止于物质上的享受，仅此而已。

　　🧑故事派对：老实人，大实话！

鞍钢郭明义 ✔️ 　　2011-9-6　06：59

　　帮助别人应该成为一种习惯。当看到大爷、大妈摔倒，我们应去扶起。因为那是生我养我的爸爸妈妈，没有他们，也没有我。我们应常怀感恩之心，常想别人对我们的好。常看别人的难处，搭一把手，让一个座，给同事、亲友、父母一个微笑，这是我能够做到的，为什么我不做呢？做吧！生命短暂，爱心永恒！

　　👤像一棵草　郭师傅的伟大就伟大在他把所有的人，都当作是他的亲人，他对每个人都好，从不要回报！特无私、特真诚！

　　👤暮然回首3109　我们应常怀感恩之心，常想别人对我们的好。常看别人的难处，搭一把手，让一个座，给同事、亲友、父母一个微笑！

鞍钢郭明义 ✔️ 　　2011-9-9　14：34

　　上午，随中宣部郭明义精神进校园，来到了北京大学。踏进洒满阳光的北京大学，同孩子们一起看了电影《郭明义》，同学生们进行了座谈，

看到了我帮助的北京大学医学院的刚入学的孩子。同他们一起流泪，一同欢乐！看到了学生们、孩子们，看到了祖国的希望，民族的未来。我紧紧地拥抱了孩子们。

　　韩庚的大武生 @ 郭明义：今天在政治卷上见到你了~！激动啊！用哲学生活的知识说说郭明义的幸福观~！偶像，我会向你学习的~！

鞍钢郭明义 Ⅴ　　　2011-8-28　07：07

　　不论贫穷，还是富有。拥有一颗平常的心情，去面对生活中的种种不幸、苦难、拥有和幸福。去体会生活中的酸甜苦辣，珍惜拥有的爱

人、孩子、老伴、父母、兄弟姐妹。一个人不可能拥有世上所有的幸福，但只要拥有一颗平淡的心情，还有一颗纯朴爱心，您会拥有一切的。您说呢？

鞍钢郭明义 ▼　2011-8-24　21：14

奉献不是义务，却是一种美德，只有在帮助他人时，我才能保持与善良的人们直接地沟通，才能感受这个世界进步的气息，感受这个社会道德的力量。我这样去做事，就像父母抚养子女、儿女孝敬老人一样，没有那么多复杂的动机和理由，就是天经地义的事。

鞍钢郭明义 ▼　2011-8-22　17：05

我也曾有过烦恼和焦虑，有过愤怒和忧伤，但我总觉得一个人要有宽广的心胸，要有积极的处事态度和高尚的精神追求，不管生活中有什么困难，不管还要走多少艰难的道路，只要我们心中有阳光，就一定会迸发出无穷力量，执着地朝着远大的目标走下去，用坚持的行动改变生活，路就会在我们的脚下向前延伸。

👤一草一天涯：😊郭师傅，当你

谈论困惑和悲伤的时候更加真实，其实你也是人，也遇见过不公平，但是你还是选择了坚持自己的信念，这样才最伟大，这是我最喜欢的一个帖子，有点交心的味道，我们都曾经迷茫和愤怒过，但是后来，我们依旧选择了心里最纯净的那条阳光之路，这就是情操……

爱吃意大利面：郭师傅，诚心求教：在你得到这些荣誉之前，当你得到的比别人少，你凭什么就坚信你为自己选择的路是正确的，是值得你去坚持走下去的？你会不会为自己的前途担忧啊？

鞍钢郭明义 Ⅴ 2011-8-18 21:29

接触不同的社会群体，就会有不同的人生思考。我经常接触福利院的孤儿、上不起学的孩子、生活困难的职工，和他们相比，我就感觉自己非常富足，我就非常想去帮助他们。如果发出一点光，放出一点热，能够换来孩子幸福的笑脸，换来他人生命之花的绽放，换来人与人之间的温暖和谐，这样的人生，我无怨无悔。

老虎真不吃人回复 @露大腿的蚂蚁：他是鞍钢的，俺是马钢的～～都是钢铁工人～小桥流水人家说得太好了，我们也应该像您一样不盲目攀比👍，知足常乐，并尽自己所能帮助那些需要帮助的人……

鞍钢郭明义 Ⅴ 2011-8-17 16:56

对工作对社会有怎样的态度，就会有怎样的行动和付出。其实，无论是提前2个小时到岗工作，还是拿出几百元钱资助一名特困孩子，还是献出400毫升的血，都不是什么难事，很多人努力就能做到。如果说难，就是难在坚持，难在一辈子都这样做。我始终觉得自己回报社会的还是太少，必须尽心尽力，不留遗憾。

　　📖分享精彩片段：是的，伟人曾说过："做一件好事并不难，难的是一辈子都在做好事"。把看似简单的事，重复着做，并做好了，坚持下来，就不再是简单的事了。

鞍钢郭明义 Ⅴ　　2011-8-16　08:38

　　我还在矿山当采场公路管理员，还是每天早晨4:30起床，提前两小时上班，还是住在老房子里。我坚持献爱心没有变，也永远不会变，唯一变化是一年来越来越多的人加入到爱心团队，而且很多人是通过微博联络的，因为有了大家的支持，我们的爱心事业比以前做得更好了，

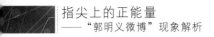

做好事更成了我的一份责任。

    olioli2006：今天去看了电影《郭明义》，觉得拍得很感人，艺术性也很强，结尾年轻人献舞那段很唯美、震撼，从镜头中看家乡鞍山的景色也别有一番滋味。请郭师傅证明给大家看，好人可以活的很快乐！

鞍钢郭明义 ▼   2011-8-15   15:39

    我用的手机是东北新闻网借给我发微博用的，是国有财产不能捐献和损坏。微博为我打开了一个和广大微友沟通交流的窗口，我见证了网络的强大力量，结识了许多为社会、为他人奉献的优秀志愿者，感到了人们对真善美的追求，我对自己的信念，对我坚守的事业，对这个社会更加充满信心。

    wangzhanping_wzp：通过您的微博，让我的心灵又一次受到震撼，热于奉献和回报社会，将使我们的生活更加幸福！

三、传递幸福

鞍钢郭明义 ▼   2011-3-28   06:08

    刚才上班前离开家的时候，亲了老伴儿一口，呵呵，感谢老伴儿起早给我做饭，这么多年，她辛苦了。

    秋水美蓝：最浪漫的事就是和你一起慢慢变老！

    👤阳光暖暖 blog ：郭伯伯，感动中国看你哭了，在东财见你又哭了，你的行为是对我们这代人心灵的洗礼，伟大的人背后总有一个支撑的人，您的妻子一定是个了不起的人。

    👤万言不值一杯水：每个成功的男人背后，都有一个伟大的女人。

鞍钢郭明义 Ⅴ   2011-4-7   11：06

    我又回到二一九小学，我一直是这所学校的校外辅导员，这张照片是上次我到学校和孩子们的合影。

    👤优尚家：郭叔叔　我也是一个鞍钢子女，现在在北京工作，每次看您的微博，都感觉特别亲切，也为自己是鞍山人自豪！

    👤赵衍鹏：不错，雷锋精神要从娃娃抓起，在广东那么多年深有感触当今社会人与人之间变得很冷漠，当今社会需要很多像你这样的人去传播助人为乐的这种中华传统美德，让更多的人参与进去，这样才能将爱洒向神州大地，这样的社会才有和谐感，人与人之间才会多一份亲和力。

贾西静转发此微博：支持郭明义、社会需要像他这样的人、让这样的好人成为典型、带动、感染更多的人做好事、不是比他一个人默默奉献的价值更大吗？不是只有平凡才伟大、请不要再质疑为什么郭明义不工作郭明义写微博之类的问题了、和他比我们都应该惭愧。

鞍钢郭明义 ✓　　2011-4-11　07：03

坐上了电动轮，给没有下夜班的电动轮司机们唱了好几首歌，还朗诵了好几首诗。通过对讲机，所有奔驰在矿山的电动轮司机都能听到。希望能给疲惫的他们带来些轻松和愉快。

weibo.com/2044679991

⚇野渡泊舟：您让单调的矿山诗情画意。

鞍钢郭明义 Ⓥ   2011-4-12　06：39

　　退休工人崔凤君对我说，那些退休的老工人们有很多喜欢玩乒乓球，但是没有场地，我和退管办主任说了这事，这些退休老人终于有了一个玩乒乓球的地方啦！

　　⚇幸福萨宝宝：果然还是"名人"比"人名"有用……那个老工人自己和退管办说肯定没戏……希望你保持本色，永远帮助他们！

鞍钢郭明义 Ⓥ   2011-4-12　08：21

　　我资助的几个孩子给我来信啦，有一个大学生已经在上海工作了。

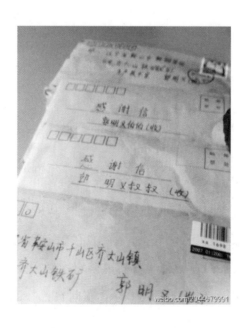

　　🔲鞍山王英军：每一个孩子的成长，都是你最大的成就！我感同身受，还有很多需要帮助的人，让我们一路同行！

　　🔲猪头家的小蛮蛋：我想，这应该这是一种成就吧。

鞍钢郭明义 Ⓥ　　**2011-4-22　20：20**

　　常被感动　一天，妻子拿出了我们初恋时爱的使者——我写给妻子的信。看看妻子专注的，用心的，读着珍藏了18年的这些泛着黄的信件时，我就对爱妻说，丢掉了吧！（注：1. 那是过去发生的事情，不用老去想它啦！妻子用她那双纯情的大眼睛，深情地望了我一眼。固执的，轻轻的，用闪烁的迷人的目光，自言自语地对我说，不，坚决不！2. 接着她说出了一句令我终生难忘的一句话，爱，是不会被忘记的！是啊！我又何尝不被在自己身边默默无闻的，随着时光，岁月的流逝，而在自己脸上留下了皱纹的妻子而感动了呢！）

　　🔲我叫雅诗ys：干嘛丢掉啊。多有纪念意义。应该传给第三代看

　　🔲小惋：为什么要丢　等你们老的时候躺在摇椅上　拿出信　回忆过去最甜蜜的青春　那也是种幸福

　　🔲棉花唐2010：因为您就是她一辈子的信，读到天长地久……

鞍钢郭明义 Ⓥ　　**2011-5-2　12：17**

　　刚刚从妈妈家吃过饭回到办公室。我在想，到妈妈跟前，我似乎又回到了童年。我的眼泪在眼睛里打转，回家次数太少了。母亲时常挂念着我，可我忙起来，又把母亲忘了。我在问自己，我什么时候能长大，

不让母亲——妈妈牵挂。也许，我永远也长不大。

   快乐贺宝贝：昨天看您在央视五一晚会的节目，您真的老了，也黑了，希望郭叔在关心别人的同时也爱护下自己的身体。好人一生平安。

鞍钢郭明义 ▼   2011-5-7   21:31

    忙碌了一天，回到了驻地。想起了明天是母亲节！给母亲打电话，问候一下母亲。母亲是我的牵挂！母亲在电话里，一再叮嘱我。别凉着，要多吃饭。注意安全。从小到大，母亲为我操了不少心。听到这儿自己的眼泪流了下来。是呀！不论走到那里，不论干什么，都不能忘自己的妈妈—母亲。因为，有母亲在您是幸福的

   冯松宝贝：儿行千里母担忧，祝明天所有人的母亲。母亲节快乐！也祝我们的郭大哥您一定要照顾好自己，这样才不会让家人和朋友担心！愿好人一生平安！

鞍钢郭明义 ▼   2011-5-23   12:15

    回到了采场，回到了家。看到了工友，熟悉的道路。亲切，自然，可爱！几回回梦里见到了您！拥抱着您，亲吻着您。矿山，故乡，母亲！

   战天麟 Ghoul：郭叔叔，郭大婶喊你回家吃饭……

鞍钢郭明义 Ⅴ 　　2011-6-5　12：37

　　这是上午我在矿山采场工作区域的一部分。这里有我熟悉的电铲，可爱的工友。推土机正从坡道下来赶往工地 1# 铲，周而复始在这块土地上工作，生活。心中时常流淌的歌，那是为工友而歌，喊上几句，那真是提神啊！我爱工友，工友也爱我。我离不开这里，因为我的生命在这里。

　　摩斯 168：你的劳动我有过。那辛苦的劳作，那畅快的流汗，那一边在心中哼着的歌原来是人间最朴实的幸福感受。

鞍钢郭明义 Ⅴ   2011-6-7　18：21

在回家的路上，看到了刚考试今天课目的孩子还有陪伴着他们的父母，似乎又看到了女儿当年参加的高考。回想起，由于忙于工作，没有陪女儿参加高考。但在内心也挂念着女儿，期待她有好的成绩。但听到妻子打电话说，考试顺利时，心情特别愉快，工作的劲头更足。看到女儿成长很好，心中的愧疚渐渐减少了。

🧑 魅力小仔2011：我高考也没父母陪，但我知道父母的心一定和我在一起！

鞍钢郭明义 Ⅴ   2011-7-7　18：58

昨天，我见到了托尼—澳大利亚—美国尤尼特瑞格公司中国现场技术服务人员，在3年进口电动轮组装、调试、运行中，我们一直在一起工作。18年前，一天，高温下工作的他，突然全身脱水，中暑倒下，我将他送鞍山市第4医院救治，我老伴所在4院医护人员全力抢救，脱离危险。这次，他要求看我，并到我家看望。

🧑 银卯卯：爱无国界！

🧑 贵友工会：雷锋＋白求恩！😄

鞍钢郭明义 ⍌　　2011-7-15　12：12

　　上午，天似乎凝固了，没有一丝凉气。工友们冒着高温，完成了2#、7# 电铲铲窝、支线路面的铺设、上料。看着顺着脊背淌汗的工友们，令我感动。这是推铲窝，上午的紧张劳动，保证了下午矿石生产。

　　⌷偶尔露峥嵘088：这天气下露天野外作业，不容易！

鞍钢郭明义 ⍌　　2011-8-6　17：50

　　同妻子结婚已经24年了！今天，想到了老伴，陪伴我走过了风风雨雨、平平淡淡的日子。想起了这些年只给妻子买了三件礼物：结婚时的红纱巾、红绒衣、还有一件是前年到井冈山，用 **28** 块买的纪念品，老伴爱不释手地珍藏着。感谢老伴，感谢所有爱家的老伴，我会珍惜这终生难忘的幸福生活！

山楂糖豆转发此微博：最美的嫂子

荣小昱：今天看了电影《郭明义》，才知道 28 元礼物的含义。钻戒再值钱也只是块石头，真诚的心灵才是最可宝贵的

方糖 2266783613：幸福幸福 ~~~~~~ : :>_< : :~~~~~ 好感动……真希望自己也有这么一个白头偕老的伴 ~~~~

鞍钢郭明义 ▼　　2011-9-10　17：53

回到母亲家，看到了母亲，母亲怪我最近回去的次数少了。是啊！

有时忙碌了起来，忘了母亲，有时连电话也忘了打。看到了母亲，眼泪在眼圈里打转。母亲操劳一生，时时惦记着儿女们。自己做的实在差劲，不管怎么说，看到儿子，母亲忘记疲惫，乐颠、乐颠地包饺子，同到来的儿子过节。看到母亲笑，我流泪了！

- 熊猫哇 - ：虽然您陪伴在母亲，在家人的身边少了，但她们知道您在做什么，为了什么，她们活得安心，骄傲，这何尝不是一种照顾呢?

吉林傅华：明义老弟，您的心情我特别理解，我父母亲在世的时候，我也常常有您的这种感觉，也不知道流了多少眼泪。但为了事业、工作，有时没有办法，现在想来心里感到愧对父母亲。大哥，很羡慕您，母亲尚在，希望您尽可能多回家看看她。

赵善山 zhss：真幸福，真温馨，有这么一个慈爱的母亲，我想起在山东老家自己家包饺子，也是这样，很向往……

鞍钢郭明义 ▼　　2011-9-10　06：38

今天是教师节：使我至今难以忘怀的一个人，一直伴随着我。让我想起了初中时的数学范老师：课后、放学后，我总是找他辅导我。感激之余，爸妈让我拿些礼品去看望老师，感谢老师。可老师每次都让我把礼品原封不动拎了自己家。我景仰他的品德，正是这些品德、情操，深深地影响我到今天。教我如何做一个人。

　　玉中小鱼儿：这也让我想起了小学班主任李老师，和蔼可亲，待人真诚，像您的范老师一样，也是品德高尚的人，这种品德对我也是影响至深。如今教孩子也要好好学习如何品德高尚，适应现代生活。

　　四点零八分的北京：向老师们致敬。其实，上学的每个阶段，都有自己印象特别深的老师，初中的梁景荣老师、刘盼恩老师、李贵锁老师等；高中的耿振江老师、赵建锁老师、张会君老师等；大学时的卢子震老师，马德生老师，徐明老师等，无论何时何地，我都不会忘记他们。

　　文似清泉：郭老师，早上好！你作为我们土木工程09.2班的校外辅导员，我祝你节日快乐！今天我将去看望我小学时的徐素梅老师，她是我一生中最可亲可敬的老师。

鞍钢郭明义 ▼　　2011-8-30　06：40

时常想起那个时代英雄的音容笑貌，记忆犹新，难以忘怀。舍身炸碉堡的董存瑞：为了新中国，前进！电影《英雄儿女》中的王成：向我开炮！还有铁人王进喜：石油工人一声吼，地球也要抖三抖！雷锋：一滴水可以反映出太阳的光辉！豪迈、淳朴、力量、阳光、温暖、教育、鼓励着我，在前进的道路上，走得踏实。

　　🖼 qinger530 转发此微博：同是对真善美的追求，一种是对灰暗事情的愤言，一种是对明朗情景的感谢。前者难免引起沮丧之心，后者却总能激发关爱之情。现今前者比比皆是，后者弥足珍惜。对郭明义致敬！

　　🖼 小李飞刀的爱：我刚参加工作时就是负责维修这个大家伙的，还参加了第一次的下移工作，现在也记不清是第几次下移了，现在的几个好哥们还在这儿工作，祝顺利。

　　🖼 刘俊熙-Evan 转发此微博：非常赞同！！有的快固然重要！走的踏实走得稳当更重要！

鞍钢郭明义 ▼　　　2011-8-31　08：10

　　站在矿山上，看着太阳慢慢爬上山头，心中总是有一种感动。阳光洒遍矿山的时候，我可爱的工友已经劳累了一整夜了。他们送走昨天绚

烂的晚霞，又迎来今天明媚的朝阳。我在他们的脸上，看到的是朴实的笑容，笑容里洋溢着劳动者的光辉，诠释着幸福的真谛。

　　🧑 爱看你笑2006：坐在办公室里的人是不会有这样的感触的。当你一次次走近矿山，再走进矿山，看到一台台由陌生转为熟悉的庞大机器，看到一张张由陌生转为熟悉的纯朴笑脸；然后，你再看到这张图片，你会忽然觉得，一切，片中的一切，竟然那样的亲切！亲切！

鞍钢郭明义 ▼　　**2011-9-1　07：06**

　　昨天下午，怀着崇敬、思念，来到了四川省映秀镇。来到了倒塌的中学楼旁，来到了永远定格"5·12"大地震时钟旁。看到了地震中死去的人们，还有抗震烈士纪念浮雕。当我默哀、鞠躬，抬起头，看到了国旗时，已是泪流满面了。映秀挺立起来了，中华民族的崇高精神、意志，屹立在世界的东方。为了忘却的纪念！

　　🧑 范诗程博：映秀，好美的名字，原本是应该映照着山的秀美。如今秀美中多了一片地震后的瓦砾，和亲人们的尸骸，有点伤感。有点震撼，活着的人依然坚强的建设这自己的家园。日子会更美好，明天会更绚烂！加油映秀！加油四川！

鞍钢郭明义 ▼　　**2011-9-8　16：47**

　　有记者问我，为什么大家愿意相信我，能有上万人的爱心团队？我说我一没有神力，二没给大伙发饷，赢得支持是因为他们感受到了我用诚心对待每一个人，真心为大家出力办事。大家在观察，然后才认可我。

我不在意有人说我在作秀，如果奉献和付出是作秀，如果作秀能使他人快乐和幸福，我情愿作秀一辈子。

    看世界1991：谁做秀谁真心干事情，其实大家心里都清楚。只是，这网上的人多了，杂了，没事找事说的人自是少不了。说得好，做一辈子秀！90后向你致敬！！

鞍钢郭明义 ▼   2011-12-2   06：29

早晨好！今天你微笑了吗？天凉要留意增减衣物，走在路上，面带微笑！帮助身旁的人，搭一把、让一个座、一句阳光般的微笑，会使你快乐生活每一天。

    贵友工会：北京今天下了入冬以来第一场雪，天冷路滑，需要帮助的人很多，没错，按郭大哥说的，搭一把、让个座，会让你快乐一整天。

    志愿者孙忠强：让座，我却不说"大娘您坐吧"，我默默地走开。

    大外男：你是我们鞍山人的骄傲。在外地上大学的我，一提及您，我就无比自豪。

鞍钢郭明义 ▼   2012-1-26   12：03

我的家住在矿山脚下，当我小的时候，跨出家门就爬山。看到矿山，也看到了爸爸。沸腾的矿山，迷人的矿区，可爱的矿工，留下了我的梦，我的爱，我的歌……

    Simona-Sun 小萌：您好，春晚看到您了，好激动啊。您写的歌寓意很深呢，全家坐在电视机前看，感觉不同啊。

    Winnietztt：我爸爸和你一样，在一个地方工作，他在齐大山辛苦忠诚的工作了三十年！

    台町的林次郎：带来快乐的，也许是生活的广度，能扛住风雨的，永远是生命的深度。祝福老郭！

鞍钢郭明义 ✔   2011-11-11 19：34

    仰起头来，是那湛蓝的天空，俯下身去，是那广阔的土地。一个人，生在蓝天大地之间，就应该坦坦荡荡，用胸怀去容纳一切。敞开自己的心扉吧，让自己的灵魂在阳光下生长，微笑着面对生命中的每一天，只有这样，才无愧于自己的生命。

    梁启东的微博：向郭明义师傅提个建议：电影《郭明义》主题歌《把幸福给你》是思想性、艺术性都很好的歌曲，堪称经典，无论是男版还是女版，都非常好听，歌词好，旋律好，有意境，有感染力，有穿透力，歌曲从另一个视角诠释了人间大爱，诠释了郭明义精神。我的耳边就不时响起那它的旋律。如果把它作为微博、博客的背景音乐；更多制作些便携式光盘，在郭师傅走访一些学校和企业，做报告时赠送；在国内各主要论坛上做歌曲宣传推广，让更多网民听到歌曲；以"把幸福给你"为名制作精美网站；制作歌曲的 FLASH 动漫；在网络搜索引擎上可搜到歌曲的相关文章；在 MP3 可以下载搜索到多个下载资源。

　　NEN 小胖：写出这样词句的人，一定是个好人。

鞍钢郭明义 ▼　　2011-9-24　09：18

　　看到了工友格外的亲！一踏上矿山的土地上，我的热血开始沸腾，激情开始澎湃，走得更加踏实、有力。看到他们干了一夜，当阳光照在

他们脸上，还要露出笑容时。我深知，我已经融入了这块土地，离不开了！我真的离不开您——我的兄弟，我的工友。几回回梦里见到了您啊！矿山一母亲！

　　■董超＿：理解，就像农民深爱着他耕耘的土地。

鞍钢郭明义 ∨　　2012-1-23　02：13

　　刚刚从 2012 年春晚回来，那动人的歌声、优美的舞姿，大屏幕所展现祖国的壮丽河山，久久地回荡在耳旁。春晚越办越好，老百姓的舞台，展现了普通百姓的情怀，抒发思乡之情。我见证了演员、导演、主持人的辛苦、辛劳、付出，我同他们一同吃盒饭，他们是为了全国人民愉快地度过美好的除夕之夜。"过年好！"

　　■sunny 悠悠：才知道郭老师还写了把幸福给你这首歌呐！写得真好，充满爱心！感动！

　　■大连慧媛：郭老师，看到孙楠唱《把幸福给你》的时候，你还是很激动的，真是感到一个有情有义的郭明义！我们身边需要您这样的人年年上春晚！

鞍钢郭明义 ∨　　2011-9-23　10：45

　　今天我进入新浪微博名人排行榜前 100 名，心里非常高兴，我想这是我们社会追求美好道德的强大力量的体现，而我仅仅是亿万名助人为乐者之一，感谢广大微友的关注和支持，今后我会继续和广大微友一起交流学习，将一如既往地和广大爱心团队一起为社会公益事业

做贡献。

    吴健 Stella：支持郭师傅！我一个常年国内外跑的朋友问我，你说的郭明义是谁？我给他讲了郭师傅的事迹，他沉默了，然后告诉我，时代需要这样的道德楷模，让我们的良心不泯灭！

    小女子为民：祝贺你！老郭。虽然咱们没见过，但是去年我们《身边的感动》栏目采访你的事迹时，我去采访过你资助的一位四川女孩，她在西安上大学。她爸爸说，你让他们感觉到了人间有温暖。向你致敬！学习你"行胜于言"的精神！

    nzy 共青情怀：郭明义微博进入新浪微博名人排行榜前 100 名，昭示着这样一个深刻的命题：在网络世界里，亿万网友对真善美的追求是真诚而执着的，对新时代雷锋精神的传承与呼唤是迫切而热忱的！

　　❷记得花开：这是唯一一个不是靠明星身份挤进前一百名的普通人。我认为他比明星还耀眼，三百多万的粉丝关注，说明了什么？这是道德的风向标，人们内心真诚的认可！

鞍钢郭明义 ▼　　**2011-12-1　06：22**

　　有人问我，你自己并不富裕，为什么还要去帮助别人？我确实不富裕，但我的生活比困难群众好多了。群众有了困难，党员不能袖手旁观、无动于衷！一定要站出来，一定要管！只要有益于党和人民的事，我就要天天做。每做一件好事，都有一股幸福感涌上心头！我越做越高兴，越干越有劲！

　　❷Vizrt_Laura：我不是党员但我也在帮助别人，捐款捐物一直不断，我还教育我的女儿要帮助关爱别人。我帮别人不是因为自己有什么名号，但我知道活在这个社会就要有关爱和感恩的心！

　　❷两个洞两座山：我看到您写的与我所看到电视里所表达的一样，如农民书记"杨书记"，还有我同省的"沈书记"一样，都是为了国家和人民而作出贡献。……在写一句"早上好"

鞍钢郭明义 ▼　　**2012-2-3　10：06**

　　爱心是照亮希望的火炬，在人与人的心灵交汇中，灵魂的升华让我们感受到神圣和幸福。让我们投入到伟大的爱心事业中来吧，为了美好

的生活，为了社会的和谐，为了那些受苦的孩子和老人，为了我们自己心灵的宁静。

鞍钢郭明义 V　　2012-4-5　20：04

幸福就这么简单　简单的连你想一想都没有机会　因为它是自然地流淌　从我们伟大民族苦难的历程中　从雷锋朴素思想中　从我们父母兄弟姐妹中　它自然的令你感到惊讶　呼喊　令你热血沸腾　太简单了　献一次血　捐一次款　扶一把大娘让一次座　当你把钱给别人的时候　你想不到　睡梦中　你都会露出幸福的微笑　把幸福给你

鞍钢郭明义 V　　2012-3-25　09：30

一年前的今天我开通了微博，在这一年的时间里，我结识了很多富有爱心的微友，也和微友们共同见证了爱、温暖、道德的力量。微博给了我一个广阔的平台，我还要在这里宣扬平凡生活中的好人好事，帮助我们的兄弟姐妹。幸福的日子并不遥远，只要我们与爱同行！

　　月光爱人的小屋：我也是一年前开通的微博，和你有同样的感受。支持您，您的精神令人感动。

鞍钢郭明义 ▼　　2012-3-30　10：44

　　大连市青联副主席于本宏昨天下午来到我工作的现场：为爱心团队捐款5万元，帮助需要帮助的人！真的感谢他的真诚奉献！在大连，每个青联委员至少帮助一个贫困学生。真的很感人，大连的团干部、团员、青年都是好样，愿你们坚持下去！向你们学习！敬礼！

⚇金鑫最爱：您组织了一个播撒爱的团体！

⚇惜缘老师：好样的！榜样的力量是无穷的！

鞍钢郭明义 ▼　　2012-4-6　15:44

　　刚刚参加完鞍山市公安局三支"郭明义爱心团队鞍山公安分队"成立仪式：吴刚壮、蔡中利、沈民、贾继东、冯志国、孙靖帮、张大平、王洪峰、林均刚、李皓10警官，当场在局组织的领导干部进社区"爱心接力行动帮扶卡"上，签上自己的名字。已经完成了对10个家庭助学、解决实际困难，全局公安干警展开。

　　⚇nzy 共青情怀：人民的好公安！

鞍钢郭明义 V　　　2012-4-8　20:04

　　我的工友许平鑫，06年第一批参加我发起的捐献造血干细胞样本活动，08年与武汉一白血病患者配型成功。他还参加捐资助学、捐献遗体器官等活动。最近听说那位患者上班工作了，我们都很激动！在我身边、在鞍钢、在央企，许多同行者感动着我激励着我！大伙 @ 我，一起寻找 # 身边的感动 #

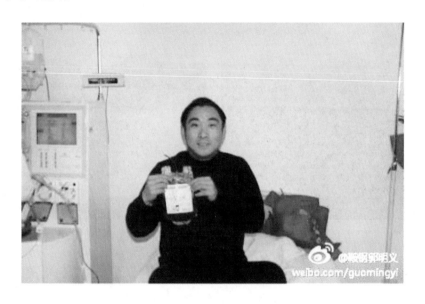

　　📷诗程博：许同志非常好！很热心！很幽默！很男人！很能干！不敢再夸啦！怕他受不了！喂！许同志您还欠我一块糖哪！

鞍钢郭明义 V　　　2013-12-21　14:56

　　你常常的要问我　你爱我吗　你爱得深吗　我的回答是　月亮代表我的心　那悬挂在夜空里的月亮　皎洁的月光　带着微笑　日夜不停

地　在那里歌唱　在那里述说　我爱你　我真的爱你　不论我走到那里　月亮代表我的心　在那里　在那浩瀚的夜空里　月亮永远伴随着你　温暖着你　思念着你　永远也不会离开你　我的老伴　你在我心窝里

　　A吓死翘翘了：哇噻~~~ 郭叔！👍原来少年夫妻老来伴是这样，原来执子之手与子偕老是这样；什么叫不离不弃，什么又叫莫失莫忘！

　　羲河 xihe：有情有义的好男人。

鞍钢郭明义 　　2013-12-4　11：53

　　辽宁省辽阳市中心医院医生刘胜阳，被称为"垫钱哥"，从医16年来，少则二三百，多时两三千元，他已记不住为患者垫了多少钱，不记得给谁垫过钱；他从不让人打欠条，也从未有人不还钱。如今他是辽阳市卫生系统郭明义爱心团队队长；市中心医院天使爱心团队队长，他带动着数百名白衣天使奉献爱心。

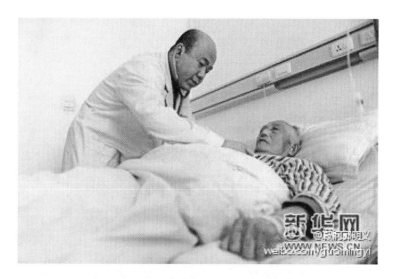

花间读书字句香：在电视上看过报道，这才不愧为医者仁心。建

议全体医务工作者向刘医生学习！不是学垫钱，而是学为医者应有的素质品德！以一个患者的身份，向那些对待病人像对敌人般冷酷无情的医生抗议！

　　守株带T：这样的医生多些，医患关系怎能不好。

鞍钢郭明义 ▼　　2013-11-30　07：34

　　我每天都会怀着一颗虔诚的心　走到您的身旁　矿山　故乡　母亲　虽然有寒风　也有风平浪静　飘雪的日子　也阻挡不住我走近你的脚步　静静的　期待着　盼望着　渴望着　那太阳的升起　来温暖　抚慰那孤独的　受伤的心灵　抹去那心灵的创伤　沐浴在温暖微笑的阳光里　体会幸福　感受生命的神圣　庄严　梦想　用勤劳智慧双手创造

策　　划：辛广伟　侯俊智
责任编辑：陈佳冉
封面设计：徐　晖

图书在版编目（CIP）数据

指尖上的正能量："郭明义微博"现象解析／中共辽宁省委宣传部 编 ．
　－北京：人民出版社，2014.3
ISBN 978－7－01－013188－7

I. ①指…　　II. ①中…　　III. ①互联网络－传播媒介－研究－中国　　IV. ① G206.2
中国版本图书馆 CIP 数据核字（2014）第 030083 号

指尖上的正能量
ZHIJIANSHANG DE ZHENGNENGLIANG
——"郭明义微博"现象解析

中共辽宁省委宣传部　编

人民出版社出版发行
（100706　北京市东城区隆福寺街 99 号）

北京新华印刷有限公司印刷　新华书店经销

2014 年 3 月第 1 版　2014 年 3 月北京第 1 次印刷
开本：700 毫米 ×1000 毫米 1/16　印张：15.25
字数：150 千字

ISBN 978－7－01－013188－7　定价：38.00 元

邮购地址 100706　北京市东城区隆福寺街 99 号
人民东方图书销售中心　电话（010）65250042　65289539